南充市圖書館古籍書目

經部

胡仲良◎主編

四川大學出版社
SICHUAN UNIVERSITY PRESS

圖書在版編目（CIP）數據

南充市圖書館古籍書目．經部 / 胡仲良主編．
成都 : 四川大學出版社，2024. 12. -- ISBN 978-7
-5690-7362-1

Ⅰ．Z838

中國國家版本館 CIP 數據核字第 2024MW1950 號

書　　名：南充市圖書館古籍書目・經部
　　　　　Nanchong Shi Tushuguan Guji Shumu・Jingbu
主　　編：胡仲良

選題策劃：梁　平　曾小芳
責任編輯：曾小芳
責任校對：劉慧敏
裝幀設計：裴菊紅
責任印製：李金蘭

出版發行：四川大學出版社有限責任公司
　　　　　地址：成都市一環路南一段 24 號（610065）
　　　　　電話：（028）85408311（發行部）、85400276（總編室）
　　　　　電子郵箱：scupress@vip.163.com
　　　　　網址：https://press.scu.edu.cn
印前製作：成都墨之創文化傳播有限公司
印刷裝訂：成都市川僑印務有限公司

成品尺寸：148mm×210mm
印　　張：9.5
插　　頁：21
字　　數：231 千字

版　　次：2025 年 5 月 第 1 版
印　　次：2025 年 5 月 第 1 次印刷
定　　價：66.00 圓

掃碼獲取數字資源

四川大學出版社
微信公衆號

古文尚書冤詞平議卷上

善化皮錫瑞鹿門著

七歲受尚書即聞有今文古文之分以問經師經師勿告也崇禎十六年國子助教鄒鏞疏請分今文古文尚書而專以今文取士爲言

平曰尚書有今古文之分人人知之而至今未有一人能分别不誤者兩漢立學皆用伏生今文孔壁古文罕傳於世至東漢衛賈馬鄭古文之學漸盛其原出於杜林蓋亦孔壁古文而不無小異至東晉僞古文出唐初崇信立學孔沖遠見其篇目與馬鄭異遂强謂馬鄭爲今文近人知孔說之謬矣而又惑於漢志所云遷書多古文說乃以史記所載皆屬古

周易十卷附考證

周易恆解卷一

雙江劉　沅註釋

周易上經

伏羲畫卦以象三才有交易變易不易之義故後人名曰易彖象辭文王所繫爻辭周公所繫上彖下彖大象小象文言繫辭上繫辭下說卦序卦雜卦孔子所作古稱十翼夏易名連山商易名歸藏其書不傳此書成於文王周公故曰周易簡袠重大故分爲上下二篇

䷀ 乾下乾上

一奇數也一之象出於○連之爲一伏羲仰觀俯察見天地之間莫非陰陽二氣周浹流衍乃取圖書而則之畫一奇以象陽畫一耦以象陰天一地二數得三陰陽相生相交之義已寓故爲三畫而成卦以象三才倍之

伏羲八卦圖

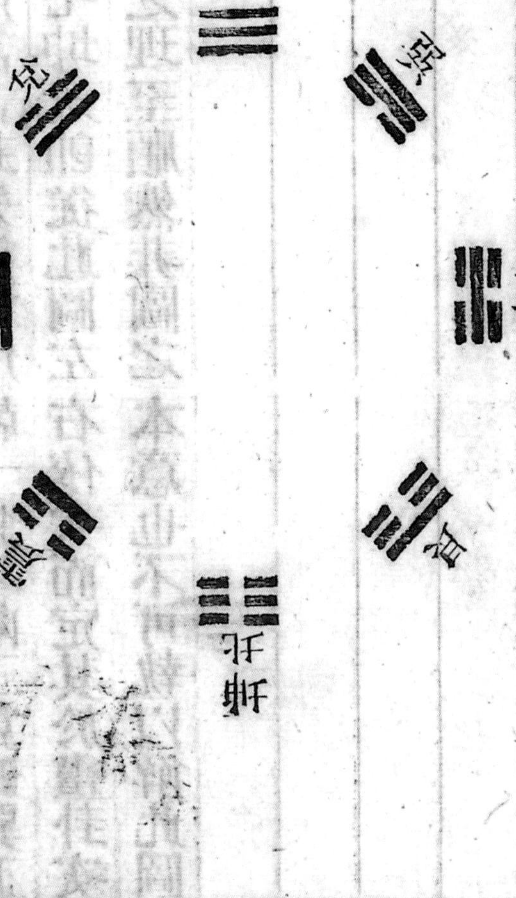

雍正八年三月十四日奉
旨開列

欽定書經傳說彙纂總裁校對分修校刊諸臣職名

總裁

原任 經筵講官太子太傅武英殿大學士兼工部尚書贈少傅臣王頊齡

南書房校對

經筵講官起居注少保兼太子太保保和殿大學士兼吏部戶部尚書仍管翰林院事臣張廷玉

經筵講官太子太傅文華殿大學士仍兼戶部尚書事務臣蔣廷錫

經筵講官太子少傅刑部尚書臣勵廷儀

都察院左副都御史臣王圖炳

巡撫安慶等處地方軍務兼理糧餉兵部右侍郎兼都察院右副都御史臣魏廷珍

堯典歷象授時之圖

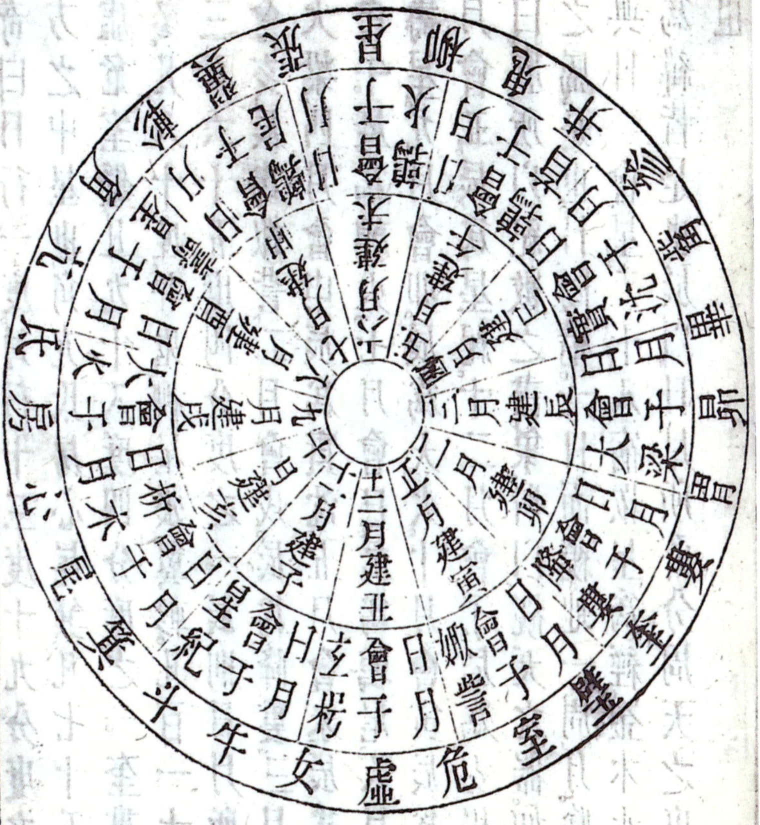
十二月建丑
日月會于玄枵
正月建寅
日月會于諏訾
十一月建子
日月會于星紀
十月建亥
日月會于析木
九月建戌
日月會于大火
八月建酉
日月會于壽星
虛
危
室
女
牛
斗
箕
尾
心
房
氐
亢
角

堯典四仲

一

春分日在昴初昏

仲春

鶉鳥正七宿之中

星鳥

經語甲編卷一　　四益館叢書

井研廖　平撰

釋道入門均有戒律儒林恣肆無所折守思窺精微法

立章教

一戒不得本原務循支派

凡經皆有大綱足領為其本根而後支流餘裔因緣而生立說須得大弋腦探驪得珠以下迎刃而解如不得要領縱極尋枝節終歸無用今之治經者多沿細碎不尋根原所以破碎支離少所成就如何邵公可謂勞碎然枝枝節節徒費心力不惟人不能明即已亦心無主見特不能不立一說以敷衍門面此大謬也

毛詩卷第一

周南關雎第一

國風　　王氏評點

關雎后妃之德也風之始也所以風天下而正夫婦也故用之鄉人焉用之邦國焉風風也教也風以動之教以化之詩者志之所之也在心爲志發言爲詩情動於中而形於言言之不足故嗟歎之嗟歎之不足故永歌之永歌之不足不知手之舞之足之蹈之也情發於聲聲成文謂之音治世之音安以樂其政和亂世之音怨以怒其政乖亡國之音哀以思其民

湘綺樓毛詩評點二十卷

乾隆十九年閏四月二十五日奉

旨開列

欽定三禮義疏監理總裁校對分修校刊諸臣職名

監理

和碩莊親王臣允祿

和碩果親王臣弘瞻

總裁

原任經筵講官起居注官太傅議政大臣領侍衛內大臣保和殿大學士兼兵部尚書兼管兵部事務仍兼翰林院掌院事一等伯臣鄂爾泰

原任經筵日講起居注官太保保和殿大學士兼吏部尚書仍兼翰林院掌院事臣張廷玉

原任太傅文華殿大學士兼吏部尚書兼管兵部尚書臣朱軾

原任太子少保吏部尚書臣甘汝來

欽定周官義疏卷第四十八 禮器圖四

車

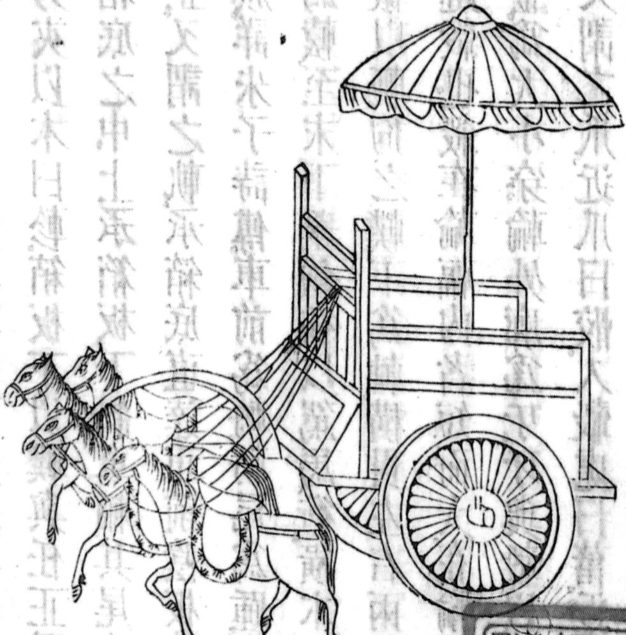

禮經宮室答問卷上

臨海洪頤煊

宗廟一

問宗廟之制曰王制天子七廟三昭三穆與大祖之廟而七諸侯五廟二昭二穆與大祖之廟而五大夫三廟一昭一穆與大祖之廟而三士一廟庶人祭於寢此周制也七廟者據祭法王立七廟曰考廟曰王考廟曰皇考廟曰顯考廟曰祖考廟皆月祭之遠廟爲祧有二祧享嘗乃止二祧者卽明堂位所謂文世室武世室也故守祧掌守先王先公之廟祧鄭注廟謂大祖之廟及三昭三穆遷主所

師竹山房重刊

月令輯要目錄

卷首　圖說　計十八圖

卷一　歲令上　天道　政典　民用

卷二　歲令下　物候　占驗　雜紀

月令輯要卷首

圖說

太極兩儀四象八卦圖

先天六十四卦分二十四氣圖

十二卦氣分應十二月圖

五行分王四時圖

十二月日躔月建二十四氣七十二候圖

月令輯要卷一

歲令上

天道

元亨利貞【增】【易】元者善之長也亨者嘉之會也利者義之和也貞者事之幹也【疏】元是物始於時配春春爲發生故下云體仁仁則春也亨是通暢萬物於時配夏故下云合禮禮則夏也利爲和義於時配秋秋既物成各合其宜貞爲事幹於時配冬冬既收藏事皆幹了

四時不忒【增】【易】天地以順動故日月不過而四時不忒【疏】天地以順而動則日月不有過差依

十二卦氣分應十二月圖

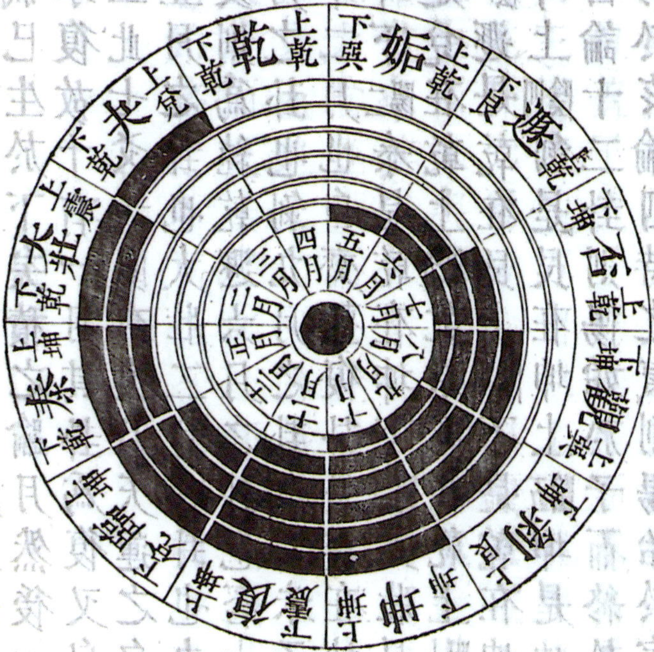

易臨彖辭臨元亨利貞至於八月有凶朱子本義二陽浸長以逼於陰故爲臨十二月之卦也八月於卦爲觀臨之反對也

復彖辭反復其道七日來復象傳先王以至日閉關疏五月一陰生十一

月令粹編總目

第一冊 卷首之卷二

圖說 歲令總 每月令

第二冊 卷三之卷六

春總 正月日次 二月日次 三月日次

第三冊 卷七之卷十

夏總 四月日次 五月日次 六月日次

第四冊 卷十一之卷十四

秋總 七月日次 八月日次 九月日次

月令粹編卷一

歲令總

祠靈星〔史記封禪書〕高祖詔御史其令郡國縣立靈星祠常以歲月祠以牛

書板言事〔漢書禮儀志〕冬夏至八能上書板言事封以皁囊送西陛跪授尚書

三年不窺園〔漢書董仲舒傳〕仲舒下帷講誦弟子傳以久次相授業或莫見其面蓋三年不窺園其精如此

四時服御〔漢書魏相傳〕高皇帝令羣臣議天子所服以安治天下中謁者趙堯舉春李舜舉夏兒湯舉秋貢禹舉冬四人各職一時

春秋饗射〔後漢書儒林傳〕劉昆教授子弟每春秋饗射常備列典儀以素瓠葉爲俎豆桑弧蒿矢以射菟

氣候循環易見圖

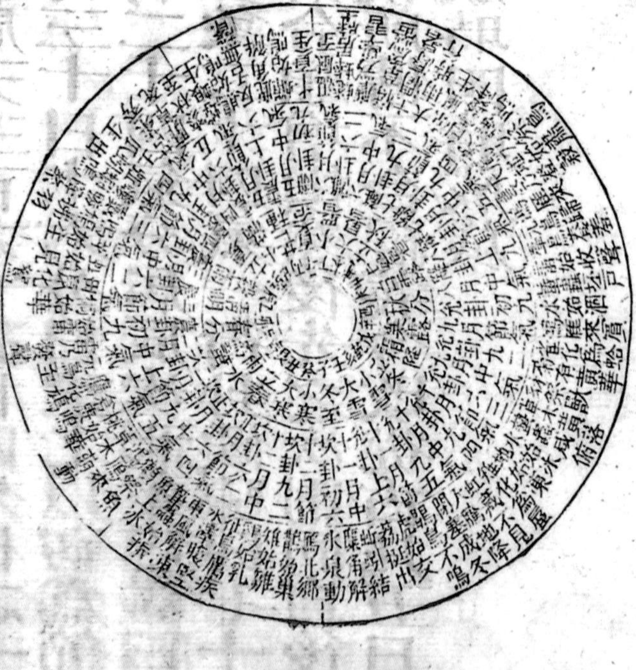

大學 大舊音泰今讀如字

子程子曰。大學。孔氏之遺書。而初學入德之門也。於今可見古人爲學次第者。獨賴此篇之存。而論孟次之。學者必由是而學焉。則庶乎其不差矣。

大學之道。在明明德。在親民。在止於至善。程子曰。親。當作新。○大學者。大人之學也。明。明之也。明德者。人之所得乎天。而虛靈不昧。以具衆理。而應萬事者也。但爲氣稟所拘。人欲所蔽。則有時而昏。然其本體之明。則有未嘗息者。故學者當因其所發而遂明之。以復其初也。新者。革其舊之謂也。言旣自明其明德。又

論語卷之一

學而第一

此爲書之首篇故所記多務本之意乃入道之門積德之基學者之先務也凡十六章

子曰學而時習之不亦說乎說悅同○學之爲言效也人性皆善而覺有先後後覺者必效先覺之所爲乃可以明善而復其初也習鳥數飛也學之不已如鳥數飛也說喜意也既學而又時時習之則所學者熟而中心喜說其進自不能已矣程子曰習重習也時復思繹浹洽於中則說也又曰學者將以行之也時習之則所學者在我故說謝氏曰時習者無時而不習坐如尸坐時習也立如齊立時習也

有朋自遠方來不亦樂乎樂音洛○朋同類也自遠方來則近者可

論語卷之六

先進第十一 此篇多評弟子賢否。凡二十五章。胡氏曰。此篇記閔子騫言行者四。而其一直稱閔子。疑閔氏門人所記也。

子曰。先進於禮樂。野人也。後進於禮樂。君子也。先進後進。猶言前輩後輩。野人。謂郊外之民。君子。謂賢士大夫也。程子曰。先進於禮樂。文質得宜。今反謂之質朴。而以爲野人。後進之於禮樂。文過其質。今反謂之彬彬。而以爲君子。蓋周末文勝。故時人之言如此。不自知其過於文也。如用之。則吾從先進。用之。謂用禮樂。孔子既述時人之言。又自言其如此。蓋欲損過以就中也。

○子曰。從我於陳蔡者。皆不及門也。○從。去聲。孔子

孟子序說

史記列傳曰。孟軻。趙氏曰。孟子。魯公族孟孫之後。漢書注云。字子車。一說。字子輿。騶人也。騶。亦作鄒。本邾國也。受業子思之門人。子思。孔子之孫。名伋。索隱云。王劭以人爲衍字。而趙氏註。及孔叢子等書。亦皆云孟子親受業於子思。未知是否。道旣通。趙氏曰。孟子通五經。尤長於詩書。程子曰。孟子曰可以仕則仕。可以止則止。可以久則久。可以速則速。孔子聖之時者也。故知易者。莫如孟子。又曰。王者之迹熄而詩亡。詩亡。然後春秋作。又曰。春秋無義戰。又曰。春秋天子之事。故知春秋者。莫如孟子。尹氏曰。以此而言。則趙氏謂孟子長於詩書而已。豈知孟子者哉。游事齊

續孟子序

唐尚書水部郎中長樂林愼思虔中

孟子書先自其徒記言而著予所以復著者蓋以孟子久行教化言不在其徒盡矣故演作續孟

篇目

梁大夫一　梁襄王二

樂正子三　公都子四

高子五　公孫丑六

屋廬子七　咸丘蒙八

續孟子二卷伸蒙子三卷

論語十一篇讀敘

佛學有結集有毘曇三藏浩汗循其統緒而可讀孔學無是既阨秦火又復年湮於是老師宿儒曾不能答具體之求而世無眞孔世既不得眞孔尊亦何益於尊謗亦烏乎云謗苟可取而利用崇之如天或不利於其私墜之如淵於孔何與哉東海有聖人焉此心同此理同也西海有聖人焉此心同此理同也而愚者不然曰此禪也非聖也死於門戶之拘一任眾芳蕪穢天下不知務者又如此也嗚呼孔學亡矣若能精內典嫺般若興晉以秦者文武之道猶不盡墜

中庸讀敘

中庸。以一言之曰誠。以二言之曰中庸曰中和曰忠恕。以三言之曰費而隱曰微之顯。無所謂天地萬物中外古今止是一誠。無所謂天下國家禮樂政刑止是一誠。無所謂智愚賢不肖知能大小曲直險夷止是一誠。誠至則生天生地生物不測。誠不至則一切俱無。心非其心。境非其境。事非其事。以之爲己烏乎能存。以之爲人烏乎能信。以之爲天下國家。與接爲構日以心鬬變態誰究。又烏乎能行。及其至也。不敢知其人。不足以爲國。豈不哀哉。誠者物之終始。但喜

中庸讀

天命之謂性率性之謂道。惟天之命於穆不已天之所以爲天也盡心知性則知天矣天命性一物也而二名之在天之道曰天命在人之道曰率性自誠明謂之性修道之謂教。修道以仁禮所生也有至德而作禮樂謂之爲教自明誠謂之教○此示天道人道之實道也者不可須臾離也可離非道也是故君子戒慎乎其所不睹恐懼乎其所不聞。須臾貫終始始隱終顯君子之道費而隱故其功在戒懼於不睹聞而存誠以致中莫見乎隱莫顯乎微故君子慎其獨也。鬼神之德微之顯故其功在慎獨而知幾以致和○此示存養省察之功喜怒哀樂之未發謂之中。費而隱也發而皆中節謂之和。微之顯也中也者天下之大本也。本立於隱也和也者天下之

爾雅補郭卷上

仁和翟灝晴江學

郭氏註爾雅未詳未聞者百四十二科邢氏疏補言其十（箌肇逐求孚廙宧 徒駭太史胡蘇）餘仍闕如今據譾識參衆家一一備說如左俟超覽君子擇焉

省善也詩大雅帝省其山鄭氏箋曰省善也疏曰天顧文王善其國内之山禮記大傳大夫士有大事省于其君干祫及其高祖註亦曰省善也疏曰有勳勞大事爲君所善者詩正義禮記音義皆卽引爾雅釋

爾雅補郭二卷

蜀方言卷上

成都張慎儀淑威

囘風曰颹玉篇颹風轉也集韻颹旬宣切音旋今轉爲旋去聲

下雨曰霝說文霝雨霝也今以零落字爲之

微雨曰濛說文濛微雨也

夏日暴雨曰偏涷雨爾雅暴雨謂之涷郭注今江東呼夏月暴雨爲涷雨楚辭大司命使涷雨兮灑塵淮南子覽冥訓降扶風雜涷雨

急雨頃刻卽止曰過雲雨唐元稹詩江喧過雲雨船泊打頭風趙汝鐩詩蓬響過雲雨帆開逆水風

月曰月亮唐李益詩庭木已衰空月亮

月微明曰脵脵集韻脵虎孔切脵脵月不明也今轉爲烘音

電曰霍閃顧雲詩金蛇飛狀霍閃過白日倒掛金繩長

蜀方言二卷

稱謂録一書閔叔撰之命名甚妥此采洵爲盡乃吳續録廣録名目隨後必有採取不得不廣涉不致人議其挂漏然其江南小可與商榷此事者似不多人即如阮閣老可資參證惟其年高似閣下之頤道倚歌胸羅萬卷更有二家　大著佑得讀者存多傑作如文選旁證之通經博史退菴隨筆之坐言起行尤所欽佩茲由遠道寄來全稿甫卒讀如入鄴廚別類分門無殊不備心目爲之炫耀稽古徵今之作涉紀其人著之爲者書成先睹爲快家置一帙人手一

稱謂錄卷一

福州梁章鉅撰　男恭辰校刊

遠祖

遠祖　顏延年家傳銘誰其來還時聞遠祖　朱子文集有祭告遠祖墓文朱子年譜四十七歲如婺源復遠祖墓

太高　淮南子氾論訓饗太高者而彘爲上牲高誘注太高祖也　案太高爲祖以上之通稱非專指王父而言也且誘注又云一曰上帝則祭天亦曰饗太高

而　先君子一片苦心究不願使之泯沒無聞用敢以衰邁之年親校讐之務孜孜勉勉而不能自已以卷帙浩繁先梓釋親屬八卷比及今夏已六年之久校刊始畢謹書顛末以誌余過焉

光緒十年歲次甲申中夏至男恭辰時年七十一歲謹跋

說文解字通釋卷第一

繫傳一 臣鍇曰部數字數皆仍舊題今分兩卷

文林郎守祕書省校書郎臣徐鍇傳釋

朝散大夫行祕書省校書郎臣朱翱反切

十四部 文三百七十四 重七十七

一 惟初太極道立於一造分天地化成萬物凡一之屬皆從一 臣鍇曰一者天地之未分太極生兩儀一旁薄始結之義是謂無狀之狀無物之象必橫者象天地人之气是皆橫屬四極老子曰道生一今云道立於一者得

敍

古者經師最重六書誠以六書者聲音訓詁之本名物度數之原學者所以通陰陽消息變化禮樂刑德鴻殺易簡者也其淺者亦得以達夫形聲相生音義相轉用治六藝百家傳記微文奥義則小學之為功鉅矣許氏

說文解字通釋卷第一

繫傳一　臣鍇曰部數字數皆仍舊題今分兩卷

文林郎守祕書省校書郎臣徐鍇傳釋

朝散大夫行祕書省校書郎臣朱翺反切

十四部　文二百七十四　重七十七

一　惟初太極道立於一造分天地化成萬物凡一之屬皆從一　臣鍇曰一者天地之未分太極生兩儀一旁薄始結之義是謂無狀之狀無物之象必横者象天地人之气是皆横屬四極老子曰道生一今云道立於一者得

小學鉤沈卷一

興化任大椿學

高郵王念孫校正

倉頡篇上

讖書河洛書也 文選思玄賦舊注 隋蕭該漢書敘傳音義 案思玄賦舊注李善以爲非張衡所作但摯虞流別題云衡注則由來已久茲故列於劉逵之前

眩目視不明皃 思玄賦舊注 唐釋元應一切經音義大方便報恩經卷二音義 陀羅尼雜集經卷八音義

賫財貨也 晉劉逵魏都賦注 唐李善文選赭白馬賦注 念孫案李善三都賦序注云三都賦成張載爲注魏都劉逵爲注吳蜀又魏都賦矆焉相顧張載注矆作⿰亻矍云⿰亻矍懼也李善注云張以⿰亻矍先壠反今本竝爲矆吁

倉頡篇卷上

孫星衍學

序曰倉頡七章者秦李斯所作一篇者趙高胡母敬所益五十五章者漢閭里師所幷八十九章者揚雄所續一百二十章者班固所續訓故一篇爲二卷者杜林所撰三倉三卷者晉張軌所合三倉訓故三卷者魏張揖晉郭璞所撰趙高爰歷胡母敬博學在倉頡中揚雄訓纂賈魴滂喜在三倉中杜林故亡于隨倉頡三倉及故亡于宋然自漢及唐汔于北宋傳注字部類書內典頗有引者星衍始刺其文撰爲三卷訓纂解故即用說文部居使讀者易于尋

萲馨精舍鐫

倉頡篇續本 孫輯所遺據小學鉤沈本錄訂

部目

八口彳足言目鳥刀食木邑

囧宀疒曰尸皀火手女弓糸

虫土斤車阜子酉

凡二十九部爲續本

任大椿學

訓纂解詁

尚上也唐沙門元應一切經音義阿毗達摩順正理論卷二十音義云訓詁

右八部倉頡一條

古今韻略卷第一

商丘宋牧仲先生閱定

毗陵邵長蘅子湘纂

商丘宋　至山言校

一東 獨用

東 德紅切動也從日在木中春方也 凍 夏月暴雨離騷使凍雨兮灑塵又水出發鳩山入河又瀧凍沾漬皃 蝀 螮蝀虹也

○同 徒紅切齊也共也律歷有六同又州名一作仝盧仝唐人 銅 赤金也金之一品 桐 木名宜琴瑟又刺桐花出泉州

僮 僮僕也一曰婢妾總稱又竦恭皃詩被之僮僮 峒 崆峒山名爾雅北戴斗極爲空桐亦作空同 筒 竹名吳都賦其竹則桂箭射筒一作筩 筩 斷竹也漢書黃帝使泠綸制十二筩以聽鳳之鳴又趙廣漢教吏爲缿筩及得投書削其主名 童 幼也獨也

圈四十一字

以上四聲一百六韻共增收七百八十六字 删正六十九字

通計凡九千五百五十一字 註中加圈一百六十二字

叶音一千八百六十五字

古今韻略卷五終

《南充市圖書館古籍書目·經部》編委會

前言

南充歷史悠久，人文薈萃，已有2200多年的建城史。早在唐堯、虞舜之前，南充便被稱爲“果氏之國”，春秋以來歷爲都、州、郡、府、道治所，中華人民共和國成立後，曾是省級行政機構川北行署的駐地。

南充市圖書館建於1952年8月，初建時名“川北人民圖書館”，館藏10萬餘册古籍文獻。2009年，入選了第二批“全國古籍重點保護單位”。2018年被文化和旅遊部評爲市級公共圖書館“一級館”，2019年6月被四川省圖書館、四川省古籍保護中心授予“四川省古籍保護工作示範單位”。近年來，南充市圖書館在古籍編目和保護整理方面取得了較好的成績，今天，我們編輯出版館藏古籍書目，旨在展示南充的悠久歷史傳承，弘揚中華燦爛文明，傳播中華優秀歷史文化，同時爲廣大讀者查閱、研究提供便利。

2021年，南充市圖書館開始第一輪古籍普查，其主要内容是完成古籍基礎信息採集以及普查數據一審。目前，完成基礎數據採集，並通過一審的館藏古籍有4.8萬餘册，占普查總數的60%。本次南充市圖書館藏古籍經部書目的整理出版，就是在第一輪古籍普查工作的基礎上進行的。本書目收録南充市圖書館藏古籍經部文獻共413種，萃聚了南充市圖書館古籍文獻整理的結晶，旨在爲全面摸清和利用南充市的古籍文獻資源提供便利。

本書目的整理、編目工作也得到我市高校與公共圖書館服務聯盟的大力支持，是公共圖書館與高校圖書館開展館際合作、實現資源共用的有益嘗試。本書目在整理、編寫過程中，得到西華師範大學、川北醫學院相關專家的指導、支持，在此一並表達誠摯的謝意。

由於編者水平有限、經驗不足，著録出現考訂不准、分類失當等在所難免，懇請廣大讀者批評指正。

編者

2024年5月

目録

凡　例………………………………………… 一

經部書目………………………………………… 一

001　十三經注疏并校勘記十三種 ………………… 一

002　宋本十三經注疏附校勘記十三種四百一十六卷 … 二

003　宋本十三經注疏附校勘記十三種附識語 ………… 四

004　十三經注疏三百六十八卷附校勘記 ……………… 六

005　十三經注疏三百三十八卷附校勘記 ……………… 八

006　袖珍十三經注十三種 ……………………………… 一〇

007　仿宋相臺五經五種九十六卷 ……………………… 一一

008　御纂七經七種 ……………………………………… 一二

009　御纂七經義疏七種 ………………………………… 一三

010　古經解彙函十六種 ………………………………… 一四

011　皇清經解一千四百零八卷 ………………………… 一六

012　皇清經解一千四百零八卷 ………………………… 二三

013　孫谿朱氏經學叢書初編 …………………………… 三一

014　周易本義四卷附圖説一卷卦歌一卷筮儀一卷 … 三二

015　周易十卷附考證 …………………………………… 三三
016　易經四卷 ………………………………………… 三四
017　易經四卷 ………………………………………… 三四
018　宋本十三經注疏附校勘記 ……………………… 三五
019　周易經疑三卷 …………………………………… 三六
020　學易記五卷 ……………………………………… 三七
021　涇野先生周易説翼三卷 ………………………… 三八
022　易象鈎解四卷易象彙解二卷 …………………… 三八
023　御纂周易折中二十二卷首一卷 ………………… 三九
024　御纂周易折中二十二卷首一卷 ………………… 三九
025　易説十二卷附易説便録一卷 …………………… 四〇
026　周易本義爻徵二卷 ……………………………… 四〇
027　來瞿唐先生易注十五卷首一卷末一卷附圖像一卷
………………………………………………………… 四一
028　周易恒解五卷首一卷 …………………………… 四二
029　御纂周易述義十卷 ……………………………… 四二
030　學易筆談四卷 …………………………………… 四三
031　易楔六卷 ………………………………………… 四三
032　周易變通解二卷首一卷末一卷 ………………… 四四
033　周易雜卦證解四卷附説卦一卷雜卦一卷 ……… 四四
034　周易雜卦證解四卷附説卦一卷雜卦一卷 ……… 四五
035　易經旁訓三卷圖説一卷 ………………………… 四五
036　尚書十三卷附考證 ……………………………… 四六

037　尚書十三卷附考證 …………………………… 四七
038　尚書十三卷附考證 …………………………… 四七
039　尚書十三卷附考證 …………………………… 四八
040　宋本尚書注疏附校勘記二十卷 ……………… 四八
041　尚書注疏二十卷附尚書注疏校勘記二十卷 …… 四九
042　尚書注疏附校勘記二十卷 …………………… 四九
043　書經六卷 ……………………………………… 五〇
044　書經六卷 ……………………………………… 五一
045　影宋本尚書正義二十卷 ……………………… 五一
046　書經六卷 ……………………………………… 五二
047　尚書説要五卷 ………………………………… 五二
048　尚書考異六卷 ………………………………… 五三
049　欽定書經傳説彙纂二十一卷首二卷 ………… 五三
050　欽定書經傳説彙纂二十一卷首二卷 ………… 五四
051　尚書今古文注三十卷 ………………………… 五四
052　尚書孔傳參正三十六卷 ……………………… 五五
053　欽定書經圖説五十卷 ………………………… 五五
054　寄傲山房塾課纂輯書經備旨蔡傳捷録七卷 …… 五六
055　尚書古文辨惑二十二卷 ……………………… 五六
056　古文尚書冤詞平議二卷 ……………………… 五七
057　尚書中候疏證一卷 …………………………… 五七
058　書經精華十卷首一卷 ………………………… 五八
059　書經恒解六卷書序辨正一卷 ………………… 五八

060　禹貢提要二卷 …………………………… 五九
061　禹貢錐指二十卷 ………………………… 五九
062　韓詩外傳十卷 …………………………… 六〇
063　韓詩外傳十卷 …………………………… 六〇
064　毛詩鄭箋殘本三卷 ……………………… 六一
065　詩本義十五卷附鄭氏詩譜一卷 ………… 六一
066　詩地理考六卷 …………………………… 六二
067　詩地理考六卷 …………………………… 六二
068　毛詩古音考五卷 ………………………… 六三
069　毛詩説序六卷 …………………………… 六三
070　新編詩義集説四卷 ……………………… 六四
071　欽定詩經傳説彙纂二十一卷首二卷詩序二卷 … 六五
072　欽定詩經傳説彙纂二十一卷首二卷詩序二卷 … 六五
073　御纂詩義折衷二十卷 …………………… 六六
074　詩毛氏傳疏三十卷附毛詩音四卷毛詩説一卷毛詩傳義類十九篇鄭氏箋考徵一卷…………… 六六
075　詩古微六卷 ……………………………… 六七
076　毛詩稽古編三十卷 ……………………… 六七
077　詩經通論十八卷 ………………………… 六八
078　詩經通論十八卷 ………………………… 六八
079　詩問七卷 ………………………………… 六九
080　詩經恒解六卷 …………………………… 七〇

081　詩集傳音釋二十卷附圖一卷綱領一卷詩序一卷
………………………………………………………… 七〇
082　詩説二卷 ………………………………………… 七一
083　經話甲編二卷 …………………………………… 七一
084　毛詩重言三卷附毛詩雙聲叠韻説一卷 ………… 七二
085　十一經初學讀本 ………………………………… 七二
086　詩經體注大全合參八卷 ………………………… 七三
087　詩序解三卷 ……………………………………… 七三
088　詩毛氏學三十卷 ………………………………… 七四
089　毛詩二十卷附考證二十卷 ……………………… 七四
090　詩經精華十卷首一卷 …………………………… 七五
091　湘綺樓毛詩評點二十卷 ………………………… 七五
092　周禮六卷 ………………………………………… 七六
093　周禮六卷 ………………………………………… 七七
094　周禮注疏四十二卷附校勘記 …………………… 七八
095　周禮注疏四十二卷 ……………………………… 七八
096　周禮注疏校勘記四十二卷 ……………………… 七九
097　欽定周官義疏四十八卷首一卷 ………………… 七九
098　欽定周官義疏四十八卷首一卷 ………………… 八〇
099　周禮古學考十一卷 ……………………………… 八〇
100　周禮節訓六卷 …………………………………… 八一
101　周禮初學讀本六卷 ……………………………… 八一

102 周禮精華六卷 …………………………… 八二
103 儀禮十七卷 ………………………………… 八二
104 儀禮十七卷附監本正誤一卷唐石經正誤一卷 … 八三
105 儀禮注疏十七卷附校勘記十七卷 ……………… 八三
106 重刊宋本儀禮注疏五十卷附校勘記 ………… 八四
107 儀禮注疏五十卷 …………………………… 八四
108 欽定儀禮義疏四十八卷首二卷 ……………… 八五
109 欽定儀禮義疏四十八卷首二卷 ……………… 八五
110 儀禮初學讀本十七卷 ……………………… 八六
111 儀禮章句十七卷 …………………………… 八六
112 儀禮古今文疏義十七卷 …………………… 八七
113 儀禮鄭注句讀十七卷附監本正誤一卷石本正誤一卷
……………………………………………………… 八七
114 儀禮恒解十六卷 …………………………… 八八
115 禮記十卷 …………………………………… 八八
116 禮記十卷 …………………………………… 八九
117 禮記二十卷 ………………………………… 九〇
118 禮記注疏六十三卷附校勘記 ……………… 九〇
119 禮記集説十卷 ……………………………… 九一
120 新定三禮圖二十卷 ………………………… 九一
121 四禮疑五卷 ………………………………… 九二
122 四禮翼不分卷 ……………………………… 九二
123 四禮翼八卷 ………………………………… 九三

124　欽定禮記義疏八十二卷首一卷 …………………… 九三
125　欽定禮記義疏八十二卷首一卷 …………………… 九四
126　禮記集解六十一卷 ………………………………… 九四
127　禮記恒解四十九卷 ………………………………… 九五
128　禮記通讀一卷 ……………………………………… 九五
129　禮記初學讀本 ……………………………………… 九六
130　禮記旁訓六卷 ……………………………………… 九六
131　禮記鄭讀考六卷 …………………………………… 九七
132　孔叢伯説經五稿五種附一種 ……………………… 九七
133　通德遺書所見録十九種叙録一卷 ………………… 九八
134　禮經宫室答問二卷 ………………………………… 九九
135　蔡氏月令二卷 …………………………………… 一〇〇
136　王制箋一卷 ……………………………………… 一〇〇
137　春秋左傳杜注三十卷 …………………………… 一〇一
138　春秋經傳集解三十卷附春秋年表一卷春秋名號歸一圖二卷 …………………………………………………… 一〇一
139　附釋音春秋左傳注疏六十卷附校勘記六十卷 ……………………………………………………………… 一〇二
140　春秋左傳注疏校勘記六十卷 …………………… 一〇三
141　春秋胡傳三十卷圖説一卷 ……………………… 一〇三
142　春秋胡氏傳三十卷首一卷附録一卷 …………… 一〇四
143　春秋集傳二十六卷 ……………………………… 一〇四
144　左氏摘奇十二卷 ………………………………… 一〇五

145　春秋説志五卷 …………………………………… 一〇五
146　欽定春秋傳説彙纂三十八卷首二卷 ………… 一〇六
147　御纂春秋直解十二卷 ……………………………… 一〇六
148　春秋大事表五十卷附春秋輿圖一卷附録一卷
………………………………………………………… 一〇七
149　春秋左氏古經十二卷附五十凡一卷 ………… 一〇八
150　左通補釋三十二卷 ……………………………… 一〇八
151　春秋集古傳注二十六卷首一卷 ……………… 一〇九
152　春秋恒解八卷 …………………………………… 一〇九
153　春秋集傳辨異十二卷 …………………………… 一一〇
154　曲江書屋新訂批注左傳快讀十八卷首一卷 … 一一〇
155　春秋例表三十八篇 ……………………………… 一一一
156　春秋左傳杜注補輯三十卷王朝列國紀年一卷
………………………………………………………… 一一一
157　十一經初學讀本十一種 ………………………… 一一二
158　春秋左傳折衷八卷 ……………………………… 一一二
159　春秋左傳折衷八卷 ……………………………… 一一三
160　春秋左傳旁訓十八卷 …………………………… 一一三
161　春秋左傳旁訓十八卷 …………………………… 一一四
162　春秋左傳旁訓十八卷 …………………………… 一一四
163　春秋筆削大義微言考十一卷 ………………… 一一五
164　春秋公法比義發微六卷 ……………………… 一一五
165　春秋釋義十二卷 ………………………………… 一一六

166　春秋公羊傳十一卷 …………………… 一一六
167　監本附音春秋公羊注疏二十八卷附校勘記二十八卷
………………………………………………………… 一一七
168　春秋公羊注疏校勘記二十八卷 ……………… 一一七
169　春秋公羊注疏二十八卷 ……………………… 一一八
170　公羊春秋經傳驗推補證十一卷 ……………… 一一八
171　董子春秋繁露十七卷附録一卷舊跋一卷 …… 一一九
172　春秋董氏學八卷附董氏學附傳一卷 ………… 一一九
173　監本附音春秋穀梁傳注疏二十卷附校勘記 … 一二〇
174　春秋穀梁傳十二卷附校刊記一卷 …………… 一二〇
175　春秋穀梁注疏二十卷附校勘記 ……………… 一二一
176　監本附音春秋穀梁注疏二十卷附校勘記 …… 一二一
177　重訂穀梁春秋經傳古義疏十一卷 …………… 一二二
178　孝經鄭氏注一卷 ……………………………… 一二二
179　孝經正疏九卷附校勘記 ……………………… 一二三
180　孝經一卷附弟子職 …………………………… 一二三
181　孝經存解四卷首一卷附孝經讀本一卷讀本考證一卷
………………………………………………………… 一二四
182　孝經直解一卷 ………………………………… 一二四
183　孝經鄭氏注一卷 ……………………………… 一二五
184　七緯三十八卷附補遺 ………………………… 一二五
185　經典釋文三十卷附序録考證一卷 …………… 一二六

186　經典釋文三十卷附考證附孟子音義二卷札記一卷
…………………………………………………… 一二六
187　經典釋文三十卷 …………………………………… 一二七
188　相臺書塾刊正九經三傳沿革例 ……………………… 一二七
189　六經天文篇二卷 …………………………………… 一二八
190　五經異文十一卷 …………………………………… 一二八
191　古微書三十六卷 …………………………………… 一二九
192　唐石經考異不分卷附補不分卷 ……………………… 一二九
193　經學五書五種 ……………………………………… 一三〇
194　群經宫室圖二卷 …………………………………… 一三一
195　經傳釋詞十卷補一卷再補一卷 ……………………… 一三一
196　石經彙函十種 ……………………………………… 一三二
197　經傳考證八卷 ……………………………………… 一三三
198　九經疑難殘四卷 …………………………………… 一三三
199　十三經札記十二種二十二卷 ………………………… 一三四
200　易堂問目四卷 ……………………………………… 一三五
201　五經小學述二卷校勘記一卷 ………………………… 一三六
202　群經大義 ………………………………………… 一三六
203　經籍舊音辨證七卷 ………………………………… 一三七
204　經訓比義三卷 ……………………………………… 一三七
205　温經日記六卷 ……………………………………… 一三八
206　古學考一卷 ………………………………………… 一三八
207　今古學考二卷 ……………………………………… 一三九

208　僞經考十四卷 …………………………………… 一三九
209　僞經考十四卷 …………………………………… 一四〇
210　鄭志疏證八卷附鄭記考證一卷答臨孝存周禮難一卷
…………………………………………………………… 一四〇
211　六藝論疏證一卷 ………………………………… 一四一
212　欽定七經綱領 …………………………………… 一四一
213　經學通論五卷 …………………………………… 一四二
214　經學歷史一卷 …………………………………… 一四二
215　經學通論五種 …………………………………… 一四三
216　經學歷史一卷 …………………………………… 一四四
217　聖證論補評二卷 ………………………………… 一四四
218　重校稽古樓四書 ………………………………… 一四五
219　四書集注十九卷 ………………………………… 一四五
220　增訂畊餘瑣録十二卷 …………………………… 一四六
221　四書疏注撮言大全 ……………………………… 一四六
222　四書恒解十一卷 ………………………………… 一四七
223　四書恒解十一卷 ………………………………… 一四八
224　四書釋地補一卷續補一卷三續補一卷又續補一卷
…………………………………………………………… 一四八
225　論語注疏二十卷附論語音義一卷論語注疏校勘記二十卷
…………………………………………………………… 一四九
226　論語注疏解經十卷附札記一卷 ………………… 一四九
227　南軒先生論語解十卷孟子説七卷 ……………… 一五〇

228 論語傳注 …… 一五〇
229 論語孔注辨僞二卷 …… 一五一
230 論語注二十卷 …… 一五一
231 鄉黨圖考十卷 …… 一五二
232 鄉黨圖考十卷 …… 一五二
233 孟子注疏解經十四卷附校勘記十四卷 …… 一五三
234 增補蘇批孟子二卷附年譜一卷 …… 一五三
235 孟子微八卷 …… 一五四
236 孟子注疏十四卷音義二卷 …… 一五四
237 孟子外書補注四卷 …… 一五五
238 孟子字義疏證三卷附録一卷 …… 一五五
239 四書集注 …… 一五六
240 四書讀 …… 一五七
241 子思子七卷 …… 一五七
242 中庸説三卷 …… 一五八
243 春秋公羊疏七卷 …… 一五八
244 中庸注一卷 …… 一五九
245 中庸章句質疑二卷 …… 一五九
246 大學古本質言一卷 …… 一六〇
247 大學古本質言一卷 …… 一六〇
248 樂律全書十六種 …… 一六〇
249 爾雅三卷 …… 一六一

250 爾雅音圖三卷 ………………………………… 一六二
251 爾雅注疏十卷附校勘記十卷 ……………………… 一六二
252 爾雅注疏十卷附校勘記十卷 ……………………… 一六三
253 爾雅注疏十卷 ………………………………… 一六三
254 爾雅注疏十卷附校勘記十卷 ……………………… 一六四
255 爾雅音義二卷 ………………………………… 一六四
256 新刊爾雅翼三十二卷 …………………………… 一六五
257 爾雅郭注義疏二十卷 …………………………… 一六六
258 爾雅郭注義疏二十卷 …………………………… 一六六
259 爾雅郭注義疏二十卷 …………………………… 一六七
260 爾雅郭注義疏三卷 ……………………………… 一六七
261 爾雅郭注佚存補訂二十卷 ……………………… 一六八
262 爾雅補注殘本一卷 ……………………………… 一六八
263 爾雅郭注補正三卷 ……………………………… 一六九
264 爾雅補郭二卷 ………………………………… 一六九
265 爾雅注疏本正誤五卷 …………………………… 一七〇
266 爾雅今釋七卷 ………………………………… 一七〇
267 新爾雅十四卷 ………………………………… 一七一
268 小爾雅疏證五卷 ……………………………… 一七一
269 廣雅疏證十卷附博雅音十卷 ……………………… 一七二
270 廣雅疏證十卷附博雅音十卷 ……………………… 一七二
271 通雅五十三卷首三卷 …………………………… 一七三

272　别雅五卷 ………………………………………… 一七三
273　比雅十卷 ………………………………………… 一七四
274　輶軒使者絶代語釋别國方言十三卷續方言二卷續方言補一卷………………………………………… 一七四
275　方言疏證十三卷附續方言二卷 ……………… 一七五
276　輶軒使者絶代語釋别國方言十三卷附續方言二卷 ………………………………………………… 一七五
277　方言别録四卷 ……………………………………… 一七六
278　續方言二卷 ………………………………………… 一七六
279　續方言二卷 ………………………………………… 一七七
280　蜀方言二卷 ………………………………………… 一七七
281　輶軒使者絶代語釋别國方言箋疏十三卷附校勘記十三卷 ………………………………………………… 一七八
282　廣釋名二卷首一卷 ……………………………… 一七八
283　釋名疏證補八卷附續釋名一卷補遺一卷疏證一卷 ………………………………………………… 一七九
284　黔雅五卷 ………………………………………… 一七九
285　字林考逸八卷補遺一卷校誤一卷附録一卷 … 一八〇
286　字林七卷卷首一卷 ……………………………… 一八〇
287　説文解字十五卷 …………………………………… 一八一
288　説文解字十五卷標目一卷 ……………………… 一八一
289　説文解字十五卷 …………………………………… 一八二
290　説文解字三十卷標目一卷 ……………………… 一八二

291　說文解字三十卷標目一卷 …………………… 一八三
292　說文解字通釋四十卷 ………………………… 一八三
293　說文解字通釋四十卷附說文解字繫傳校勘記三卷
……………………………………………………………… 一八四
294　說文解字篆韻譜五卷附録一卷 ……………… 一八四
295　說文解字通釋四十卷校勘記三卷 ………… 一八五
296　增廣鐘鼎篆韻七卷 …………………………… 一八五
297　說文解字注三十二卷增附六書音均表五卷徐星伯說文段注札記一卷龔定菴說文段注札記一卷桂未谷說文段注鈔一卷桂未谷說文段注補鈔一卷………………… 一八六
298　說文解字注三十二卷 ………………………… 一八六
299　說文解字注三十二卷 ………………………… 一八七
300　說文句讀三十卷附句讀補正三十卷 ………… 一八七
301　說文解字句讀二十九卷附録一卷 ………… 一八八
302　說文釋例二十卷 ……………………………… 一八九
303　說文釋例二十卷 ……………………………… 一八九
304　說文釋例二十卷 ……………………………… 一九〇
305　說文通訓定聲十八卷 ………………………… 一九〇
306　文字蒙求四卷 ………………………………… 一九一
307　文字蒙求四卷 ………………………………… 一九一
308　說文通訓定聲九卷 …………………………… 一九二
309　說文審音十六卷 ……………………………… 一九二
310　許氏說文解字雙聲叠韻譜一卷 ……………… 一九三

311 說文檢字二卷補遺一卷 …………………… 一九三
312 說文古籀疏證六卷 ……………………… 一九四
313 說文通檢十四卷首一卷末一卷 ………… 一九四
314 說文通檢十四卷首一卷末一卷 ………… 一九五
315 說文易檢十四卷 ………………………… 一九五
316 說文古籀疏證六卷 ……………………… 一九六
317 說文古籀補十四卷補遺一卷附録一卷 ……… 一九六
318 說文古籀補十四卷補遺一卷附録一卷 ……… 一九六
319 說文古籀補十四卷附録一卷 …………… 一九七
320 說文古籀三補十四卷附録一卷 ………… 一九七
321 古籀拾遺三卷宋政和禮器文字考一卷 ……… 一九八
322 說文答問疏證六卷 ……………………… 一九八
323 古籀彙編十四卷檢字一卷 ……………… 一九九
324 古籀彙十四卷檢字一卷 ………………… 一九九
325 說文解字詁林提要 ……………………… 二〇〇
326 說文解字詁林補遺提要 ………………… 二〇〇
327 說文答問疏證六卷 ……………………… 二〇一
328 說文逸字二卷 …………………………… 二〇一
329 蒙雅一卷 ………………………………… 二〇二
330 名原二卷 ………………………………… 二〇二
331 名原二卷 ………………………………… 二〇二
332 讀說文雜識一卷 ………………………… 二〇三
333 說文偏旁考二卷 ………………………… 二〇三

334　説文假借義證二十八卷 …………………… 二〇四
335　康熙字典十二集備考一卷補遺一卷檢字一卷等韻一卷辨似一卷……………………………………… 二〇四
336　康熙字典十二集備考一卷補遺一卷 ………… 二〇五
337　澤存堂五種 ………………………………… 二〇五
338　六書通十卷首一卷 ………………………… 二〇六
339　六書分類十二卷首一卷 …………………… 二〇七
340　十經文字通正書十四卷 …………………… 二〇七
341　文字學初步一卷 …………………………… 二〇八
342　文字學形義篇一卷 ………………………… 二〇八
343　説文管見三卷 ……………………………… 二〇九
344　説文部首讀本一卷 ………………………… 二〇九
345　説文解字部首二卷 ………………………… 二一〇
346　説文解字研究法一卷 ……………………… 二一〇
347　説文匡鄦一卷 ……………………………… 二一一
348　説文引經考二卷附説文引經考補遺一卷 …… 二一一
349　説文管見三卷 ……………………………… 二一二
350　説文發疑六卷 ……………………………… 二一二
351　説文揭原二卷 ……………………………… 二一三
352　小學鈎沈十九卷 …………………………… 二一三
353　小學鈎沈十九卷 …………………………… 二一四
354　小學定律二卷 ……………………………… 二一四
355　文字學發凡三卷首一卷 …………………… 二一五

356　中國文字學三章 …………………………… 二一五
357　六書釋義二卷 …………………………… 二一六
358　詩小學二十五卷 …………………………… 二一七
359　玉篇三十卷 …………………………… 二一七
360　急就篇四卷 …………………………… 二一八
361　急就章一卷附考證 …………………………… 二一八
362　急就篇四卷 …………………………… 二一九
363　急就篇四卷 …………………………… 二一九
364　匡謬正俗八卷 …………………………… 二二〇
365　倉頡篇三卷續本一卷補本二卷補本續一卷 … 二二〇
366　倉頡篇校證三卷補遺一卷 …………………………… 二二一
367　干禄字書一卷 …………………………… 二二一
368　五經文字三卷 …………………………… 二二二
369　復古編二卷附安陸集一卷曾樂軒稿一卷附録一卷
…………………………… 二二二
370　古俗字略七卷 …………………………… 二二三
371　正俗備用字解四卷辨似一卷辨同一卷補遺一卷
…………………………… 二二三
372　六書通摭遺十卷 …………………………… 二二四
373　隸辨八卷 …………………………… 二二四
374　助字辨略五卷 …………………………… 二二四
375　助字辨略五卷 …………………………… 二二五
376　字典考證十二集三十六卷 …………………………… 二二五

377　述均十卷 …………………………………… 二二六
378　簡字全譜 …………………………………… 二二六
379　一切經音義一百卷 ……………………………… 二二七
380　續一切經音義十卷 ……………………………… 二二七
381　新加九經字樣一卷 ……………………………… 二二八
382　姚氏叢刻三種 ………………………………… 二二八
383　廣韻五卷 …………………………………… 二二九
384　韻補五卷附韻補正一卷 ………………………… 二二九
385　古文四聲韻五卷附録一卷 ……………………… 二三〇
386　音韻闡微十八卷韻譜一卷 ……………………… 二三〇
387　聲律關鍵八卷 ………………………………… 二三一
388　古音類表九卷 ………………………………… 二三二
389　顧氏音學五書五種 …………………………… 二三二
390　切韻考六卷 …………………………………… 二三三
391　古韻發明一卷附廣韻獨用同用四聲表一卷 … 二三三
392　六書音韻表五卷附徐星伯札記一卷龔定菴札記一卷桂鈔一卷桂補鈔一卷…………………………………… 二三四
393　六書音韻表五卷 ……………………………… 二三四
394　韻學要指十一卷 ……………………………… 二三五
395　今韻三辨二卷 ………………………………… 二三五
396　古今韻略五卷 ………………………………… 二三六
397　音學辨微一卷 ………………………………… 二三六
398　音學辨微一卷 ………………………………… 二三七

399 四聲切韻表二卷 …………………………… 二三七
400 四聲切韻表補正三卷首一卷末一卷 ………… 二三八
401 聲類表九卷首一卷 …………………………… 二三八
402 聲韻考四卷 …………………………………… 二三九
403 張氏音辨六卷 ………………………………… 二三九
404 音學十書六種 ………………………………… 二四〇
405 漢學諧聲二十四卷 …………………………… 二四〇
406 詩聲類十二卷分例一卷 ……………………… 二四一
407 等韻一得内篇一卷外篇一卷 ………………… 二四一
408 文字學音篇五章 ……………………………… 二四二
409 合音例證二卷 ………………………………… 二四二
410 佩文詩韻釋要五卷 …………………………… 二四三
411 佩文詩韻釋要五卷 …………………………… 二四三
412 詩韻萃珍十卷 ………………………………… 二四四
413 詩韻集成題考合刻十卷首一卷 ……………… 二四四

書名索引 …………………………………………… 二四五

著者索引 …………………………………………… 二六三

凡 例

一、本書目所收古籍書目，爲南充市圖書館的館藏古籍經部文獻書目。一般以1911年爲下限，此後影印的古籍適當予以收録。

二、本書目按1959年4月南充市圖書館古書整理編録目録順序排列，重新編訂序號，並將館藏索書號以括注形式附於相應書目之後，以便查詢。

三、著録格式按照《中國文獻編目規則》（古籍著録部分）著録。

著録項目有：

書名、卷數、著者、版本、版本年代、版本類型、版式、裝幀形式、册數、存（缺）卷、批校題跋、所屬叢書題名、子目、其他題名、附注、索書號等。

實例：

新定三禮圖二十卷

（宋）聶崇義撰

清康熙間刻本

開本高27.8厘米，寬18.6厘米；版框高21.6厘米，寬16.8厘米

十六行二十六字

白口，左右雙邊，雙順黑魚尾

綫裝

4册

所屬叢書題名　通志堂經解

附注　書名據新定三禮圖序題名撰録

（1168）

四、著者姓名之前括注其朝代，對於跨越民國與中華人民共和國的現代著作者則不予注明。

五、本書目中涉及的古字、舊字形及異體字，改爲規範字。

六、正文後附書名索引與著者索引，依中文拼音順序排列。

經部書目

001　十三經注疏并校勘記十三種

（清）阮元校勘

清光緒二十四年（1898）點石齋石印本

開本高19.5厘米，寬13厘米；版框高16厘米，寬11.5厘米

二十行四十六字，小字雙行同

白口，四周雙邊，單黑魚尾

綫裝

32册

子目：

周易注疏四卷附校勘記四卷音義一卷釋文校勘記一卷（三國・魏）王弼注　（唐）孔穎達疏　（唐）陸德明音義

附釋音尚書注疏四卷校勘記四卷　（漢）孔安國傳　（唐）孔穎達疏　（唐）陸德明音義

附釋音毛詩注疏八卷校勘記八卷　（漢）毛亨傳　（漢）鄭玄箋（唐）孔穎達疏　（唐）陸德明音義

附釋音周禮注疏六卷校勘記六卷　（漢）鄭玄注　（唐）賈公彦疏　（唐）陸德明音義

附釋音儀禮注疏八卷校勘記八卷　（漢）鄭玄注　（唐）賈公彦疏

（唐）陸德明音義

附釋音禮記注疏十二卷附校勘記十二卷　（漢）鄭玄注（唐）孔穎達疏　（唐）陸德明音義

附釋音春秋左傳注疏十二卷校勘記十二卷　（晉）杜預注（唐）孔穎達疏　（唐）陸德明音義

附釋音春秋穀梁注疏四卷校勘記四卷　（晉）范甯集解（唐）楊士勛疏　（唐）陸德明音義

附釋音春秋公羊傳注疏四卷校勘記四卷　（漢）何休注（唐）徐彦疏　（唐）陸德明音義

論語注疏解經四卷音義一卷校勘記四卷　（三國・魏）何晏集解　（宋）邢昺疏　（唐）陸德明音義

孝經注疏二卷校勘記二卷　（唐）玄宗李隆基注　（宋）邢昺疏

爾雅注疏二卷校勘記不分卷　（晉）郭璞注　（宋）邢昺疏

孟子注疏解經四卷校勘記四卷　（漢）趙岐注　（宋）孫奭疏

十三經注疏校勘記識語四卷　（清）汪文臺撰

其他題名　目録頁：道院本重校印十三經注疏并校勘記目録；版心：十三經注疏校勘記識語

附注　鈐印：新猷、陳氏瑶圃書藏之印、陳樹棠；有朱筆斷句

（1001）

002　宋本十三經注疏附校勘記十三種四百一十六卷

（清）阮元校勘

民國十六年（1927）上海掃葉山房石印本

開本高19.7厘米，寬13.3厘米；版框高16厘米，寬12.4厘米

二十行三十六字，小字雙行四十八字

白口，四周單邊，單黑魚尾

綫裝

40册

子目：

周易兼義上經乾傳九卷經典釋文一卷校勘記一卷　（三國·魏）王弼注　（晉）韓康伯注　（唐）孔穎達正義　經典釋文（唐）陸德明撰

附釋音尚書注疏二十卷校勘記二十卷　（漢）孔安國傳（唐）孔穎達疏　（唐）陸德明音義

附釋音毛詩注疏二十卷校勘記二十卷　（漢）毛亨傳（漢）鄭玄箋　（唐）孔穎達疏　（唐）陸德明音義

附釋音周禮注疏四十二卷校勘記四十二卷　（漢）鄭玄注（唐）賈公彦疏　（唐）陸德明音義

附釋音儀禮注疏五十卷校勘記五十卷　（漢）鄭玄注（唐）賈公彦疏　（唐）陸德明音義

附釋音禮記注疏六十三卷附校勘記六十三卷　（漢）鄭玄注（唐）孔穎達疏　（唐）陸德明音義

附釋音春秋左傳注疏六十卷校勘記六十卷　（晉）杜預注（唐）孔穎達疏　（唐）陸德明音義

附釋音春秋穀梁注疏二十卷校勘記二十卷　（晉）范甯集解（唐）楊士勛疏　（唐）陸德明音義

附釋音春秋公羊傳注疏二十八卷校勘記二十八卷　（漢）何休注

（唐）徐彥疏　（唐）陸德明音義

論語注疏解經二十卷校勘記二十卷　（三國魏）何晏集解　（宋）邢昺疏

孝經注疏九卷校勘記九卷　（唐）玄宗李隆基注　（宋）邢昺疏

爾雅注疏十卷校勘記十卷　（晉）郭璞注　（宋）邢昺疏

孟子注疏解經十四卷音義一卷校勘記十四卷　（漢）趙岐注　（宋）孫奭疏

附十三經注疏校勘記識語四卷　（清）汪文臺撰

其他題名　目録頁：重刻宋板注疏總目録；版心：十三經注疏

附注　首册封面重新裝訂；内封有蟲蛀破損；第四十册封面缺失，綫裝脱落，尾頁破損

（1002）

003　宋本十三經注疏附校勘記十三種附識語

（清）阮元校勘

清光緒十三年（1887）上海脉望仙館石印本

開本高19.8厘米，寬13.3厘米；版框高15.5厘米，寬11.6厘米

二十行四十八字，小字雙行同

白口，四周单邊，單黑魚尾

綫裝

39册

缺十五卷（附釋音春秋左傳注疏卷一至卷十五）

子目：

周易兼義九卷附音義一卷注疏校勘記九卷釋文校勘記一卷（三國·魏）王弼注（晉）韓康伯注（唐）孔穎達正義（唐）陸德明音義　校勘記（清）盧宣旬摘録

附釋音尚書注疏二十卷校勘記二十卷（漢）孔安國傳（唐）陸德明音義（唐）孔穎達疏　校勘記（清）盧宣旬摘録

附釋音毛詩注疏七十卷校勘記七十卷（漢）毛亨傳（漢）鄭玄箋（唐）陸德明音義（唐）孔穎達疏　校勘記（清）盧宣旬摘録

附釋音周禮注疏四十二卷校勘記四十二卷（漢）鄭玄注（唐）陸德明音義（唐）賈公彦疏　校勘記（清）盧宣旬摘録

儀禮疏五十卷校勘記五十卷（漢）鄭玄注（唐）陸德明音義（唐）賈公彦疏　校勘記（清）盧宣旬摘録

附釋音禮記注疏六十三卷校勘記六十三卷（漢）鄭玄注（唐）陸德明音義（唐）孔穎達疏　校勘記（清）盧宣旬摘録

附釋音春秋左傳注疏六十卷校勘記六十卷（晉）杜預注（唐）陸德明音義（唐）孔穎達疏　校勘記（清）盧宣旬摘録

監本附音春秋公羊注疏二十八卷校勘記二十八卷（漢）何休注（唐）陸德明音義（□）□□疏　校勘記（清）盧宣旬摘録

監本附音春秋穀梁注疏二十卷校勘記二十卷（晉）范甯集解（唐）陸德明音義（唐）楊士勛疏　校勘記（清）盧宣旬摘録

論語注疏解經二十卷校勘記二十卷（三國·魏）何晏集解

（宋）邢昺疏　校勘記　（清）盧宣旬摘録

孝經注疏九卷校勘記九卷　（唐）玄宗李隆基注　（宋）邢昺疏　校勘記　（清）盧宣旬摘録

爾雅疏十卷校勘記十卷　（晉）郭璞注　（宋）邢昺疏（□）□□音義　校勘記　（清）盧宣旬摘録

孟子注疏解經十四卷校勘記十四卷　（漢）趙岐注　（宋）孫奭疏　校勘記　（清）盧宣旬摘録

附十三經注疏校勘記識語四卷　（清）汪文臺撰

附注　第一册和第三十九册封面缺失；第三十九册尾頁破損

（1003）

又一部

缺三十二卷（監本附音春秋公羊注疏卷二十五至卷二十八、公羊注疏校勘記卷一至卷二十八）

（1003-1）

004　十三經注疏三百六十八卷附校勘記

（清）阮元校勘

民國十五年（1926）錦章圖書局石印本

開本高20.2厘米，寬13.5厘米；版框高16.6厘米，寬12厘米

十五行二十八字，小字雙行不等

上下黑口，左右雙邊，單黑魚尾

綫裝

79册

缺二種六十卷（禮記卷十八至卷四十、卷四十六至卷五十一，校勘記卷十八至卷四十、卷四十六至卷五十一；爾雅卷十一，校勘記卷十一）

子目：

周易兼義九卷附略例一卷音義一卷校勘記九卷　（三國·魏）王弼注　（晉）韓康伯注　（唐）孔穎達正義　（唐）陸德明音義　略例　（三國·魏）王弼撰　（唐）邢璹注　（唐）陸德明音義

附釋音尚書注疏二十卷校勘記二十卷　（漢）孔安國傳　（唐）孔穎達疏　（唐）陸德明音義

附釋音毛詩注疏二十卷校勘記二十卷　（漢）毛亨傳　（漢）鄭玄箋　（唐）孔穎達疏　（唐）陸德明音義

附釋音周禮注疏四十二卷校勘記四十二卷　（漢）鄭玄注　（唐）賈公彦疏　（唐）陸德明音義

儀禮疏五十卷校勘記五十卷　（漢）鄭玄注　（唐）賈公彦疏　（唐）陸德明音義

附釋音禮記注疏六十三卷附校勘記六十三卷　（漢）鄭玄注　（唐）孔穎達疏　（唐）陸德明音義

附釋音春秋左傳注疏六十卷校勘記六十卷　（晉）杜預注　（唐）孔穎達疏　（唐）陸德明音義

監本附音春秋穀梁注疏二十卷校勘記二十卷　（晉）范甯集解　（唐）楊士勛疏　（唐）陸德明音義

監本附音春秋公羊傳注疏二十八卷校勘記二十八卷　（漢）何休注　（唐）徐彦疏　（唐）陸德明音義

論語注疏解經二十卷校勘記二十卷　（三國・魏）何晏集解（宋）邢昺疏

孝經注疏九卷正義一卷校勘記九卷　（唐）玄宗李隆基注（宋）邢昺疏

爾雅疏十一卷校勘記十一卷　（晉）郭璞注　（宋）邢昺疏

孟子注疏解經十四卷校勘記不分卷　（漢）趙岐注　（宋）孫奭疏

附注　書名據版心題名撰録

（1004）

005　十三經注疏三百三十八卷附校勘記

（清）阮元校勘

清同治十三年（1874）湖南書局刻本

開本高26.4厘米，寬15.2厘米；版框高18.4厘米，寬12.5厘米

九行二十一字，小字雙行同

白口，左右雙邊，無魚尾

綫裝

172册

缺八卷（春秋左傳注疏校勘記卷五十三至卷六十）

子目：

周易兼義九卷略例一卷音義一卷校勘記九卷　（三國・魏）

王弼注　（晉）韓康伯注　（唐）孔穎達正義　（唐）陸德明音義　略例　（三國·魏）王弼撰　（唐）邢璹注　（唐）陸德明音義

尚書注疏二十卷校勘記二十卷　（漢）孔安國傳　（唐）孔穎達疏　（唐）陸德明音義

毛詩注疏二十四卷校勘記二十四卷　（漢）鄭玄箋　（唐）孔穎達疏　（唐）陸德明音義

周禮注疏四十二卷校勘記四十二卷　（漢）鄭玄注　（唐）賈公彦疏　（唐）陸德明音義

儀禮注疏十七卷校勘記十七卷　（漢）鄭玄注　（唐）賈公彦疏　（唐）陸德明音義

禮記注疏六十三卷附校勘記六十三卷　（漢）鄭玄注　（唐）孔穎達疏　（唐）陸德明音義

春秋左傳注疏六十卷校勘記六十卷　（晉）杜預注　（唐）孔穎達疏　（唐）陸德明音義

春秋穀梁傳注疏二十卷校勘記二十卷　（晉）范甯集解　（唐）楊士勛疏

春秋公羊傳注疏二十八卷校勘記二十八卷　（漢）何休注　（唐）徐彦疏　（唐）陸德明音義

論語注疏解經二十卷校勘記二十卷　（三國·魏）何晏集解　（宋）邢昺疏

孝經注疏九卷音義一卷校勘記九卷　（唐）玄宗李隆基注　（宋）邢昺疏

爾雅注疏十一卷校勘記十一卷　（晉）郭璞注　（宋）邢昺疏

孟子注疏解經十四卷校勘記十四卷　（漢）趙岐注　（宋）孫奭疏

附注　書名據大致内容擬定；尚書注疏二十卷内封有“同治十年夏湖南省城尊經閣校刊”；毛詩注疏二十卷第一至三册無封面牌記；春秋公羊傳注疏二十八卷第一册無封面牌記（部分封面爲報紙），部分封面破損嚴重；論語注疏解經校勘記缺尾頁；鈐印：花隆楊氏之玄珍藏金司圖章；毛詩注疏有朱筆斷句

（1006）

006　袖珍十三經注十三種

（清）萬青銓校

清同治十二年（1873）稽古樓刻本

開本高15.2厘米，寬9.7厘米；版框高10.5厘米，寬8厘米

八行十七字，小字行同，上下黑口

四周雙邊，黑魚尾

綫裝

100册

缺一卷（禮記卷四）

子目：

周易九卷　（三國・魏）王弼注　（晉）韓康伯注

尚書六卷　（漢）孔安國傳

毛詩注二十卷詩譜一卷　（漢）毛長傳　（漢）鄭玄箋

周禮六卷首一卷　（漢）鄭玄注

儀禮十七卷首一卷　（漢）鄭玄注

禮記十卷首一卷　（漢）鄭玄注

春秋公羊傳不分卷考一卷　（漢）何休注　（明）閔齊伋裁注

春秋左傳注六十卷　（晉）杜預注

春秋穀梁傳不分卷考一卷　（晉）范甯集解　（明）閔齊伋裁注

孝經一卷　（唐）玄宗李隆基注

論語十卷　（三國·魏）何晏集解　（宋）朱熹集注

孟子七卷　（漢）趙岐注　（宋）朱熹集注

爾雅十一卷　（晉）郭璞注

中庸一卷　（漢）鄭玄注　（宋）朱熹集注

大學一卷　（漢）鄭玄注　（宋）朱熹章句

附注　書名據内封題名撰録

（1007）

007　仿宋相臺五經五種九十六卷

（宋）岳珂輯

清光緒二年（1876）江南書局刻本

開本高24.9厘米，寬16厘米；版框高20厘米，寬13.5厘米

八行十七字，小字雙行同

白口，四周雙邊，雙對黑魚尾

綫裝

32册

子目:

周易十卷附考證 （三國·魏）王弼注 （晉）韓康伯注 略例 （三國·魏）王弼撰 （唐）邢璹注 （唐）陸德明音義

尚書十三卷附考證 （漢）孔安國傳 （唐）陸德明音義

毛詩二十卷附考證 （漢）毛亨傳 （漢）鄭玄箋 （唐）陸德明音義

禮記二十卷附考證 （漢）鄭玄注 （唐）陸德明音義

春秋經傳集解三十卷附考證 （晉）杜預注 （唐）陸德明音義 春秋年表一卷附考證 （□）□□撰 春秋名號歸一圖二卷附考證 （後蜀）馮繼先撰

附注 鈐印：陳新猷、陳氏瑶圃書藏之印、陳樹棠、樸園侍者、陳鍾奎；有朱筆斷句；版本信息參考學苑汲古；封面缺失；無内封；書名參考學苑汲古

（1009）

008 御纂七經七種

（清）王頊齡等校刊

清光緒三十年（1904）上海育文書局石印本

開本高19.4厘米，寬13.3厘米；版框高16厘米，寬12厘米

二十四行五十四字，小字雙行同

白口，四周單邊，單黑魚尾

綫裝

24册

子目：

御纂周易折中二十二卷

欽定書經傳説彙纂二十一卷

欽定詩經傳説彙纂二十一卷

欽定周官義疏四十八卷

欽定儀禮義疏四十八卷

欽定禮記義疏八十二卷

欽定春秋傳説彙纂三十八卷

附注　書中附圖；封面題名爲“御纂七經”

（1010）

009　御纂七經義疏七種

（清）李光地等撰

清光緒二十九年（1903）鑄記書局石印本

開本高19.4厘米，寬12.8厘米；版框高16.5厘米，寬11.8厘米，三欄同高5.5厘米

行字不等

白口，四周單邊，單黑魚尾

綫裝

24册

缺四卷（御纂周易折中卷十九至卷二十二）

子目：

御纂周易折中二十二卷首一卷

欽定書經傳説彙纂二十一卷首二卷書序一卷

欽定詩經傳説彙纂二十一卷首二卷書序二卷

欽定春秋傳説彙纂三十八卷首二卷

欽定周官義疏四十八卷首一卷

欽定儀禮義疏四十八卷首二卷

欽定禮記義疏八十二卷首一卷

其他題名　御纂五經

附注　封面重新裝訂；内封題名爲“御纂七經義疏”；版心題名爲“御纂五經”；書名據卷端題名撰録

（1011）

010　古經解彙函十六種

（清）鍾謙鈞等輯

清同治十三年（1874）粵東書局刻本

開本高25.5厘米，寬15.9厘米；版框高18.5厘米，寬13.7厘米

十行二十一字，小字雙行同

白口，左右雙邊，單黑魚尾

綫裝

43册

子目：

鄭氏周易注三卷補遺一卷　（漢）鄭玄撰　（宋）王應麟撰集（清）惠棟增補　（清）孫堂重校並輯補遺

陸氏周易述一卷　（三國・吴）陸績撰　（明）姚士麟輯（清）孫堂增補

周易集解十七卷　（唐）李鼎祚撰

周易口訣義六卷　（唐）史徵撰

易緯八種（易緯乾坤鑿度二卷　易緯乾鑿度二卷　易緯稽覽圖二卷　易緯辨終備一卷　易緯通卦驗二卷　易緯乾元序制記一卷　易緯是類謀一卷　易緯坤靈圖一卷）　（漢）鄭玄注

尚書大傳三卷附序録一卷附辨譌一卷　（漢）伏勝撰　（漢）鄭玄注　（清）陳壽祺輯校辨譌

韓詩外傳十卷　（漢）韓嬰撰

毛詩草木鳥獸蟲魚疏二卷　（三國・吴）陸璣撰　（清）丁晏校正

春秋繁露十七卷附録一卷　（漢）董仲舒撰　（清）凌曙注

春秋釋例十五卷　（晉）杜預撰　（清）莊述祖　（清）孫星衍同校

春秋啖趙集傳纂例十卷　（唐）陸淳撰

春秋微旨三卷　（唐）陸淳撰

春秋啖趙二先生集傳辯疑十卷　（唐）陸淳撰

論語集解義疏十卷　（三國・魏）何晏集解　（南朝・梁）皇侃義疏

論語筆解二卷　（唐）韓愈　（唐）李翱同注

鄭志三卷補遺一卷　（三國・魏）鄭小同撰　（清）王復輯　（清）武億校

附注　書名據版心題名撰録

（1012）

011 皇清經解一千四百零八卷

（清）阮元輯

清道光九年（1829）廣東學海堂刻本

開本高28厘米，寬15.7厘米；版框高17.9厘米，寬13.6厘米

十一行二十三字

白口，左右雙邊，單黑魚尾

綫裝

360册

子目：

左傳杜解補正三卷　（清）顧炎武撰

音論一卷　（清）顧炎武撰

易音三卷　（清）顧炎武撰

詩本音十卷　（清）顧炎武撰

日知録二卷　（清）顧炎武撰

四書釋地一卷續一卷又續一卷三續一卷　（清）閻若璩撰

孟子生卒年月考一卷　（清）閻若璩撰

潜邱劄記二卷　（清）閻若璩撰

禹貢錐指二十卷例略一卷圖一卷　（清）胡渭撰

學禮質疑二卷　（清）萬斯大撰

學春秋隨筆十卷　（清）萬斯大撰

毛詩稽古編三十卷　（清）陳啓源撰

仲氏易三十卷　（清）毛奇齡撰

春秋毛氏傳三十六卷　（清）毛奇齡撰

春秋簡書刊誤二卷　（清）毛奇齡撰

春秋屬辭比事記四卷　（清）毛奇齡撰

經問十五卷　（清）毛奇齡撰

論語稽求篇七卷　（清）毛奇齡撰

四書賸言六卷　（清）毛奇齡撰

詩説四卷　（清）惠周惕撰

湛園札記一卷　（清）姜宸英撰

經義雜記十卷　（清）臧琳撰

解春集二卷　（清）馮景撰

尚書地理今釋一卷　（清）蔣廷錫撰

易説六卷　（清）惠士奇撰

禮説十四卷　（清）惠士奇撰

春秋説十五卷　（清）惠士奇撰

白田草堂存稿一卷　（清）王懋竑撰

周禮疑義舉要七卷　（清）江永撰

深衣考誤一卷　（清）江永撰

春秋地理考實四卷　（清）江永撰

群經補義五卷　（清）江永撰

鄉黨圖考十卷　（清）江永撰

儀禮章句十七卷　（清）吴廷華撰

觀象授時十四卷　（清）秦蕙田撰

經史問答七卷　（清）全祖望撰

質疑一卷　（清）杭世駿撰

尚書注疏考證六卷　（清）齊召南撰
周官禄田考三卷　（清）沈彤撰
尚書小疏一卷　（清）沈彤撰
儀禮小疏八卷　（清）沈彤撰
春秋左傳小疏一卷　（清）沈彤撰
果堂集一卷　（清）沈彤撰
周易述二十一卷　（清）惠棟撰
古文尚書考二卷　（清）惠棟撰
春秋左傳補注六卷　（清）惠棟撰
九經古義十六卷　（清）惠棟撰
春秋正辭十三卷　（清）莊存與撰
鐘山札記一卷　（清）盧文弨撰
龍城札記一卷　（清）盧文弨撰
尚書集注音疏十四卷　（清）江聲撰
尚書後案三十一卷　（清）王鳴盛撰
周禮軍賦説四卷　（清）王鳴盛撰
十駕齋養新録四卷餘録一卷　（清）錢大昕撰
潛研堂文集六卷　（清）錢大昕撰
四書考異三十六卷　（清）翟灝撰
尚書釋天六卷　（清）盛百二撰
讀書脞録二卷續編二卷　（清）孫志祖撰
弁服釋例八卷　（清）任大椿撰
釋繒一卷　（清）任大椿撰

爾雅正義二十卷　（清）邵晉涵撰

宗法小記一卷　（清）程瑶田撰

儀禮喪服文足徵記十卷　（清）程瑶田撰

釋宫小記一卷　（清）程瑶田撰

考工創物小記四卷　（清）程瑶田撰

磬折古義一卷　（清）程瑶田撰

溝洫疆理小記一卷　（清）程瑶田撰

禹貢三江考三卷　（清）程瑶田撰

水地小記一卷　（清）程瑶田撰

解字小記一卷　（清）程瑶田撰

聲律小記一卷　（清）程瑶田撰

九穀考四卷　（清）程瑶田撰

釋草小記一卷　（清）程瑶田撰

釋蟲小記一卷　（清）程瑶田撰

禮箋三卷　（清）金榜撰

毛鄭詩考正四卷　（清）戴震撰

杲溪詩經補注二卷　（清）戴震撰

考工記圖二卷　（清）戴震撰

戴東原集二卷　（清）戴震撰

古文尚書撰異三十三卷　（清）段玉裁撰

毛詩故訓傳三十卷　（清）段玉裁撰

詩經小學四卷　（清）段玉裁撰

周禮漢讀考六卷　（清）段玉裁撰

儀禮漢讀考一卷 （清）段玉裁撰
説文解字注十五卷 （清）段玉裁撰
六書音均表五卷 （清）段玉裁撰
經韻樓集六卷 （清）段玉裁撰
廣雅疏證十卷 （清）王念孫撰
讀書雜志二卷 （清）王念孫撰
春秋公羊通義十三卷 （清）孔廣森撰
禮學卮言六卷 （清）孔廣森撰
大戴禮記補注十三卷 （清）孔廣森撰
經學卮言六卷 （清）孔廣森撰
溉亭述古録二卷 （清）錢塘撰
群經識小八卷 （清）李惇撰
經讀考異八卷 （清）武億撰
尚書今古文注疏三十九卷 （清）孫星衍撰
問字堂集一卷 （清）孫星衍撰
儀禮釋官九卷 （清）胡匡衷撰
禮經釋例十三卷 （清）凌廷堪撰
校禮堂文集一卷 （清）凌廷堪撰
劉氏遺書一卷 （清）劉台拱撰
述學二卷 （清）汪中撰
經義知新録一卷 （清）汪中撰
大戴禮正誤一卷 （清）汪中撰
曾子注釋四卷 （清）阮元撰

十三經校勘記二百四十八卷　（清）阮元撰

車制圖考二卷　（清）阮元撰

積古齋鐘鼎彝器款識二卷　（清）阮元撰

疇人傳九卷　（清）阮元撰

揅經室集七卷　（清）阮元撰

撫本禮記鄭注考異二卷　（清）張敦仁撰

易章句十二卷　（清）焦循撰

易通釋二十卷　（清）焦循撰

易圖略八卷　（清）焦循撰

孟子正義三十卷　（清）焦循撰

周易補疏二卷　（清）焦循撰

尚書補疏二卷　（清）焦循撰

毛詩補疏五卷　（清）焦循撰

禮記補疏三卷　（清）焦循撰

春秋左傳補疏五卷　（清）焦循撰

論語補疏二卷　（清）焦循撰

周易述補四卷　（清）江藩撰

拜經日記八卷　（清）臧庸撰

拜經文集一卷　（清）臧庸撰

瞥記一卷　（清）梁玉繩撰

經義述聞二十八卷　（清）王引之撰

經傳釋詞十卷　（清）王引之撰

周易虞氏義九卷　（清）張惠言撰

周易虞氏消息二卷　（清）張惠言撰

虞氏易禮二卷　（清）張惠言撰

周易鄭氏義二卷　（清）張惠言撰

周易荀氏九家義一卷　（清）張惠言撰

易義别録十四卷　（清）張惠言撰

五經異義疏證三卷　（清）陳壽祺撰

左海經辨二卷　（清）陳壽祺撰

左海文集二卷　（清）陳壽祺撰

鑒止水齋集二卷　（清）許宗彦撰

爾雅義疏二十卷　（清）郝懿行撰

春秋左傳補注三卷　（清）馬宗璉撰

公羊何氏釋例十卷　（清）劉逢禄撰

公羊何氏解詁箋一卷　（清）劉逢禄撰

發墨守評一卷　（清）劉逢禄撰

穀梁廢疾申何二卷　（清）劉逢禄撰

左氏春秋考證二卷　（清）劉逢禄撰

箴膏肓評一卷　（清）劉逢禄撰

論語述何二卷　（清）劉逢禄撰

燕寢考三卷　（清）胡培翬撰

研六室雜撰一卷　（清）胡培翬撰

春秋異文箋十三卷　（清）趙坦撰

寶甓齋札記一卷　（清）趙坦撰

寶甓齋文集一卷　（清）趙坦撰

夏小正疏義四卷　（清）洪震煊撰

秋槎雜記一卷　（清）劉履恂撰

吾亦盧稿四卷　（清）崔應榴撰

論語偶得一卷　（清）方觀旭撰

經書算學天文考一卷　（清）陳懋齡撰

四書釋地辨證二卷　（清）宋翔鳳撰

毛詩紬義二十四卷　（清）李黼平撰

公羊禮説一卷　（清）凌曙撰

禮説四卷　（清）凌曙撰

孝經義疏一卷　（清）阮福撰

經傳考證八卷　（清）朱彬撰

甓齋遺稿一卷　（清）劉玉麐撰

説緯一卷　（清）王崧撰

（原注：以上三種編卷既成之後始得，因附於此）

經義叢鈔三十卷　（清）嚴傑補編

附注　版心下有"庚申補刊"；内封鈐朱字"廣東熔經鑄史齋印行"

（1013）

012　皇清經解一千四百零八卷

（清）阮元輯

清道光九年（1829）廣東學海堂刻本

開本高24.5厘米，寬15.7厘米；版框高18.5厘米，寬13.9厘米

十二行二十四字，小字雙行同
白口，左右雙邊，單黑魚尾
綫裝
357册
子目:
左傳杜解補正三卷　（清）顧炎武撰
音論一卷　（清）顧炎武撰
易音三卷　（清）顧炎武撰
詩本音十卷　（清）顧炎武撰
日知録二卷　（清）顧炎武撰
四書釋地一卷續一卷又續一卷三續一卷　（清）閻若璩撰
孟子生卒年月考一卷　（清）閻若璩撰
潛邱劄記二卷　（清）閻若璩撰
禹貢錐指二十卷例略一卷圖一卷　（清）胡渭撰
學禮質疑二卷　（清）萬斯大撰
學春秋隨筆十卷　（清）萬斯大撰
毛詩稽古編三十卷　（清）陳啓源撰
仲氏易三十卷　（清）毛奇齡撰
春秋毛氏傳三十六卷　（清）毛奇齡撰
春秋簡書刊誤二卷　（清）毛奇齡撰
春秋屬辭比事記四卷　（清）毛奇齡撰
經問十五卷　（清）毛奇齡撰
論語稽求篇七卷　（清）毛奇齡撰

四書賸言六卷　（清）毛奇齡撰

詩説四卷　（清）惠周惕撰

湛園札記一卷　（清）姜宸英撰

經義雜記十卷　（清）臧琳撰

解舂集二卷　（清）馮景撰

尚書地理今釋一卷　（清）蔣廷錫撰

易説六卷　（清）惠士奇撰

禮説十四卷　（清）惠士奇撰

春秋説十五卷　（清）惠士奇撰

白田草堂存稿一卷　（清）王懋竑撰

周禮疑義舉要七卷　（清）江永撰

深衣考誤一卷　（清）江永撰

春秋地理考實四卷　（清）江永撰

群經補義五卷　（清）江永撰

鄉黨圖考十卷　（清）江永撰

儀禮章句十七卷　（清）吴廷華撰

觀象授時十四卷　（清）秦蕙田撰

經史問答七卷　（清）全祖望撰

質疑一卷　（清）杭世駿撰

尚書注疏考證六卷　（清）齊召南撰

周官禄田考三卷　（清）沈彤撰

尚書小疏一卷　（清）沈彤撰

儀禮小疏八卷　（清）沈彤撰

春秋左傳小疏一卷　（清）沈彤撰

果堂集一卷　（清）沈彤撰

周易述二十一卷　（清）惠棟撰

古文尚書考二卷　（清）惠棟撰

春秋左傳補注六卷　（清）惠棟撰

九經古義十六卷　（清）惠棟撰

春秋正辭十三卷　（清）莊存與撰

鐘山札記一卷　（清）盧文弨撰

龍城札記一卷　（清）盧文弨撰

尚書集注音疏十四卷　（清）江聲撰

尚書後案三十一卷　（清）王鳴盛撰

周禮軍賦説四卷　（清）王鳴盛撰

十駕齋養新録四卷餘録一卷　（清）錢大昕撰

潛研堂文集六卷　（清）錢大昕撰

四書考異三十六卷　（清）翟灝撰

尚書釋天六卷　（清）盛百二撰

讀書脞録二卷續編二卷　（清）孫志祖撰

弁服釋例八卷　（清）任大椿撰

釋繒一卷　（清）任大椿撰

爾雅正義二十卷　（清）邵晉涵撰

宗法小記一卷　（清）程瑶田撰

儀禮喪服足徵記十卷　（清）程瑶田撰

釋宫小記一卷　（清）程瑶田撰

考工創物小記四卷　（清）程瑤田撰

磬折古義一卷　（清）程瑤田撰

溝洫疆理小記一卷　（清）程瑤田撰

禹貢三江考三卷　（清）程瑤田撰

水地小記一卷　（清）程瑤田撰

解字小記一卷　（清）程瑤田撰

聲律小記一卷　（清）程瑤田撰

九穀考四卷　（清）程瑤田撰

釋草小記一卷　（清）程瑤田撰

釋蟲小記一卷　（清）程瑤田撰

禮箋三卷　（清）金榜撰

毛鄭詩考正四卷　（清）戴震撰

杲溪詩經補注二卷　（清）戴震撰

考工記圖二卷　（清）戴震撰

戴東原集二卷　（清）戴震撰

古文尚書撰異三十三卷　（清）段玉裁撰

毛詩故訓傳三十卷　（清）段玉裁撰

詩經小學四卷　（清）段玉裁撰

周禮漢讀考六卷　（清）段玉裁撰

儀禮漢讀考一卷　（清）段玉裁撰

説文解字注十五卷　（清）段玉裁撰

六書音均表五卷　（清）段玉裁撰

經韻樓集六卷　（清）段玉裁撰

廣雅疏證十卷　（清）王念孫撰

讀書雜志二卷　（清）王念孫撰

春秋公羊通義十三卷　（清）孔廣森撰

禮學卮言六卷　（清）孔廣森撰

大戴禮記補注十三卷　（清）孔廣森撰

經學卮言六卷　（清）孔廣森撰

溉亭述古録二卷　（清）錢塘撰

群經識小八卷　（清）李惇撰

經讀考異八卷　（清）武億撰

尚書今古文注疏三十九卷　（清）孫星衍撰

問字堂集一卷　（清）孫星衍撰

儀禮釋官九卷　（清）胡匡衷撰

禮經釋例十三卷　（清）凌廷堪撰

校禮堂文集一卷　（清）凌廷堪撰

劉氏遺書一卷　（清）劉台拱撰

述學二卷　（清）汪中撰

經義知新録一卷　（清）汪中撰

大戴禮正誤一卷　（清）汪中撰

曾子注釋四卷　（清）阮元撰

十三經校勘記二百四十八卷　（清）阮元撰

車制圖考二卷　（清）阮元撰

積古齋鐘鼎彝器款識二卷　（清）阮元撰

疇人傳九卷　（清）阮元撰

揅經室集七卷　（清）阮元撰

撫本禮記鄭注考異二卷　（清）張敦仁撰

易章句十二卷　（清）焦循撰

易通釋二十卷　（清）焦循撰

易圖略八卷　（清）焦循撰

孟子正義三十卷　（清）焦循撰

周易補疏二卷　（清）焦循撰

尚書補疏二卷　（清）焦循撰

毛詩補疏五卷　（清）焦循撰

禮記補疏三卷　（清）焦循撰

春秋左傳補疏五卷　（清）焦循撰

論語補疏二卷　（清）焦循撰

周易述補四卷　（清）江藩撰

拜經日記八卷　（清）臧庸撰

拜經文集一卷　（清）臧庸撰

瞥記一卷　（清）梁玉繩撰

經義述聞二十八卷　（清）王引之撰

經傳釋詞十卷　（清）王引之撰

周易虞氏義九卷　（清）張惠言撰

周易虞氏消息二卷　（清）張惠言撰

虞氏易禮二卷　（清）張惠言撰

周易鄭氏義二卷　（清）張惠言撰

周易荀氏九家義一卷　（清）張惠言撰

易義別録十四卷　（清）張惠言撰

五經異義疏證三卷　（清）陳壽祺撰

左海經辨二卷　（清）陳壽祺撰

左海文集二卷　（清）陳壽祺撰

鑒止水齋集二卷　（清）許宗彦撰

爾雅義疏二十卷　（清）郝懿行撰

春秋左傳補注三卷　（清）馬宗璉撰

公羊何氏釋例十卷　（清）劉逢禄撰

公羊何氏解詁箋一卷　（清）劉逢禄撰

發墨守評一卷　（清）劉逢禄撰

穀梁廢疾申何二卷　（清）劉逢禄撰

左氏春秋考證二卷　（清）劉逢禄撰

箴膏肓評一卷　（清）劉逢禄撰

論語述何二卷　（清）劉逢禄撰

燕寢考三卷　（清）胡培翬撰

研六室雜撰一卷　（清）胡培翬撰

春秋異文箋十三卷　（清）趙坦撰

寶甓齋札記一卷　（清）趙坦撰

寶甓齋文集一卷　（清）趙坦撰

夏小正疏義四卷　（清）洪震煊撰

秋槎雜記一卷　（清）劉履恂撰

吾亦盧稿四卷　（清）崔應榴撰

論語偶得一卷　（清）方觀旭撰

經書算學天文考一卷　（清）陳懋齡撰

四書釋地辨證二卷　（清）宋翔鳳撰

毛詩紬義二十四卷　（清）李黼平撰

公羊禮説一卷　（清）凌曙撰

禮説四卷　（清）凌曙撰

孝經義疏一卷　（清）阮福撰

經傳考證八卷　（清）朱彬撰

甓齋遺稿一卷　（清）劉玉麐撰

説緯一卷　（清）王崧撰

（原注：以上三種編卷既成之後始得，因附於此）

經義叢鈔三十卷　（清）嚴傑補編

附注　版心下有“庚申補刊”

（1014）

013　孫谿朱氏經學叢書初編

（清）朱記榮輯

清光緒十二年（1886）行素草堂刊本

開本高28.2厘米，寬17.3厘米；版框高16.8厘米，寬12.4厘米

十一行二十一字，小字雙行同

上下黑口，左右雙邊，單黑魚尾

綫裝

12册

子目:

李氏易解賸義三卷　（清）李富孫撰

古易音訓二卷　（宋）吕祖謙撰　（清）宋咸熙輯

尚書餘論一卷　（清）丁晏撰

詩辨説一卷　（宋）趙德撰

饗禮補亡一卷　（清）諸錦撰

公羊逸禮考徵一卷　（清）陳奂撰

論語孔注辨僞二卷　（清）沈濤撰

讀孟質疑二卷　（清）施彦士撰

孟子時事略一卷　（清）任兆麟撰

弟子職集解一卷　（清）莊述祖撰

九經古義十六卷　（清）惠棟撰

十三經詁答問六卷　（清）馮登府撰

斆經筆記一卷　（清）陳倬撰

附注　鈐印：校勘之印、孫谿逸士、□□近宋字志之别號槐廬珍藏

（1015）

014　周易本義四卷附圖説一卷卦歌一卷筮儀一卷

（三國・魏）王弼注

清同治三年（1864）浙江撫署刻本

開本高24.1厘米，寬15.6厘米；版框高20.4厘米，寬14.5厘米

九行十七字，小字雙行同

白口，四周單邊，無魚尾

綫裝

2册

附注　鈐印：康書百印；封面有蟲蛀破損；書名據卷端題名撰録

（1017）

015　周易十卷附考證

（三國·魏）王弼注

清同治三年（1864）刻本

開本高27.1厘米，寬18.5厘米；版框高19.9厘米，寬13.6厘米

八行十七字，小字雙行同

白口，四周單邊，單黑魚尾

綫裝

3册

附注　缺封面；有“天禄琳琅”；御製五經萃室記，題宋版易經；有朱筆斷句；書名據卷端題名撰録；補配乾隆四十八年（1783）武英殿刻本（參考學苑汲古，無印章，學苑汲古版本爲黑白印章）、清光緒八年（1882）龍氏刻本（版式相同，但是字體有細微差别，例如“周易”二字）

（1018）

016 易經四卷

商務印書館編輯

民國商務印書館鉛印本

開本高25.8厘米，寬14.8厘米；版框高18.4厘米，寬13厘米

十行二十字，小字雙行不等

白口，四周單邊，單黑魚尾

綫裝

2册

批校題跋　□□批

附注　版心下有“商務印書館藏版”；無牌記；版本信息源自館内記録及學苑汲古

（1019）

017 易經四卷

商務印書館編輯

民國商務印書館鉛印本

開本高26.6厘米，寬15.2厘米；版框高18.3厘米，寬12.9厘米

十一行二十四字，小字雙行不等

白口，四周單邊，單黑魚尾

綫裝

2册

批校題跋　□□批

附注　版心下有“商務印書館藏版”；無牌記；版本信息源

自館内記録及學苑汲古

（1019-1）

018　宋本十三經注疏附校勘記

（清）阮元校勘

清光緒十三年（1887）脉望仙館石印本

開本高20.2厘米，寬13.2厘米；版框高15.4厘米，寬11.4厘米

二十行三十六字，小字雙行不等

白口，四周單邊，單黑魚尾

綫裝

1册

子目：

周易兼義九卷音義一卷校勘記九卷周易釋文校勘記一卷　（三國・魏）王弼注　（晉）韓康伯注　（唐）孔穎達正義　（唐）陸德明音義

附釋音尚書注疏二十卷校勘記二十卷　（漢）孔安國傳　（唐）孔穎達疏　（唐）陸德明音義

附釋音毛詩注疏七十卷校勘記七十卷　（漢）鄭玄注　（唐）孔穎達疏　（唐）陸德明音義

附釋音周禮注疏四十二卷校勘記四十二卷　（漢）鄭玄注　（唐）賈公彦疏　（唐）陸德明音義

儀禮注疏五十卷校勘記五十卷　（漢）鄭玄注　（唐）賈公彦疏　（唐）陸德明音義

附釋音禮記注疏六十三卷校勘記六十三卷　（漢）鄭玄注　（唐）孔穎達疏　（唐）陸德明音義

附釋音春秋左傳注疏六十卷校勘記六十卷　（晉）杜預注　（唐）孔穎達疏　（唐）陸德明音義

監本附音春秋公羊注疏二十八卷校勘記二十八卷　（漢）何休注　（唐）徐彦疏　（唐）陸德明音義

監本附音春秋穀梁注疏二十卷校勘記二十卷　（晉）范甯集解　（唐）楊士勛疏　（唐）陸德明音義

論語注疏解經二十卷校勘記二十卷　（三國・魏）何晏集解　（宋）邢昺疏

孝經注疏九卷校勘記九卷　（唐）玄宗李隆基注　（宋）邢昺疏

爾雅注疏十卷校勘記十卷　（晉）郭璞注　（宋）邢昺疏

孟子注疏解經十四卷校勘記十四卷　（漢）趙岐注　（宋）孫奭疏

附注　封面脱落，有水印

（1020）

019　周易經疑三卷

（元）涂溍生撰

民國二十四年（1935）上海商務印書館影印本

開本高20厘米，寬13厘米；版框高13.9厘米，寬9.5厘米

十三行二十三字

白口，左右雙邊，無魚尾

綫裝

1册

所屬叢書題名　宛委别藏

附注　版本信息源自《中國叢書綜録》；鈐印：國立北平故宫博物館版權章

（1033）

020　學易記五卷

（明）金賁亨撰　（清）李錫齡校

清光緒二十二年（1896）長沙刻本

開本高25.5厘米，寬15.3厘米；版框高17.4厘米，寬13.1厘米

十行二十二字

上下黑口，四周單邊，單黑魚尾

綫裝

2册

所屬叢書題名　惜陰軒叢書

附注　封面及書頁有鈐印：李氏采南之章、在博古以誦今；版本信息源自《清代版本圖録》

（1040）

021　涇野先生周易説翼三卷

（明）吕楠著　（清）李錫齡校

清光緒二十二年（1896）長沙刻本

開本高25.7厘米，寬15.5厘米；版框高17.2厘米，寬12.8厘米

十行二十二字

上下黑口，左右雙邊，單黑魚尾

綫裝

2册

所屬叢書題名　惜陰軒叢書

其他題名　内封：周易説翼三卷

附注　鈐印：李氏采南之章、在博古以誦今；朱筆有斷句；版本信息源自《清代版本圖録》

（1041）

022　易象鈎解四卷易象彙解二卷

（明）陳士元撰

清道光十三年（1833）刻本

開本高24.2厘米，寬14.5厘米；版框高20.6厘米，寬13.1厘米

九行十九字，小字雙行同

白口，四周雙邊，單黑魚尾

綫裝

2册

所屬叢書題名　歸雲别集

附注　封面有破損；無內封；序中有“嘉靖辛亥年”，未在《中華古籍總目》中找到相應版本；版本信息參考學苑汲古

（1046）

023　御纂周易折中二十二卷首一卷

（清）李光地等纂

清同治六年（1867）馬新貽刻本

開本高24厘米，寬15.6厘米；版框高14厘米，寬9.2厘米

八行二十一字，小字雙行同

白口，左右雙邊，單黑魚尾

綫裝

10册

所屬叢書題名　四庫全書薈要

附注　整套封面缺失；首册前三頁左上角缺失，第十册綫裝脱落

（1047）

024　御纂周易折中二十二卷首一卷

（清）李光地等纂

清同治十年（1871）湖北崇文著局刻本

開本高26.6厘米，寬19.9厘米；版框高22.6厘米，寬16.2厘米

十一行二十二字，小字單行同

白口，四周雙邊，單黑魚尾

綫裝

12册

缺二卷（卷二十一至卷二十二）

所屬叢書題名　四庫全書薈要

附注　序中有“康熙五十四年”，未在《中華古籍總目》中找到對應版本；封面缺失；版本信息參考學苑汲古

（1048）

025　易説十二卷附易説便録一卷

（清）郝懿行撰

清光緒八年（1882）東路廳署刻本

開本高27.6厘米，寬15.5厘米；版框高17.8厘米，寬13.2厘米

九行二十一字

上下黑口，左右雙邊，單黑魚尾

綫裝

4册

（1049）

026　周易本義爻徵二卷

（清）吴日慎著　（清）李錫齡校刊

清光緒二十二年（1896）長沙刻本

開本高25.3厘米，寬15.5厘米；版框高19.4厘米，寬12.7厘米

十行二十二字，小字雙行同

上下黑口，四周單邊，單黑魚尾

綫裝

2册

所屬叢書題名　惜陰軒叢書

附注　鈐印：李氏采南之章、在博古以誦今；書頁有修復；版本信息源自《清代版本圖録》

（1051）

027　來瞿唐先生易注十五卷首一卷末一卷附圖像一卷

（明）來知德撰

清嘉慶十九年（1814）世興堂刻本

開本高25.4厘米，寬16.1厘米；版框高21厘米，寬14.1厘米

九行二十二字

白口，四周單邊，單黑魚尾

綫裝

10册

其他題名　封面：周易來注

附注　版心有“世興堂”“寧遠堂”；封面有破損；無内封

（1052）

028 周易恒解五卷首一卷

（清）劉沅注釋

清光緒三十一年（1905）豫誠堂刻本

開本高26厘米，寬16.2厘米；版框高19.3厘米，寬13.8厘米

九行二十二字，小字雙行同

白口，左右雙邊，單黑魚尾

綫裝

6册

附注　牌記注晚年定本

（1053）

029 御纂周易述義十卷

（清）高宗弘曆敕纂

清道光十八年（1838）刻本

開本高31.4厘米，寬19.6厘米；版框高20.5厘米，寬16厘米

八行二十字，小字雙行同

白口，四周雙邊，單黑魚尾

綫裝

6册

附注　首册書頁上方破裂

（1054）

030　學易筆談四卷

（清末民初）杭辛齋撰

民國十一年（1922）上海研幾學社鉛印本

開本高26.1厘米，寬14.1厘米；版框高17.6厘米，寬10.6厘米

十行三十字，小字雙行不等

下黑口，四周雙邊，單黑魚尾

綫裝

2册

所屬叢書題名　易藏叢書七種

附注　綫裝鬆脱

（1060）

031　易楔六卷

（清末民初）杭辛齋撰

民國十一年（1922）上海研幾學社鉛印本

開本高25.8厘米，寬14.6厘米；版框高17.7厘米，寬10.5厘米

十行三十字，小字雙行不等

下黑口，四周雙邊，單黑魚尾

綫裝

2册

所屬叢書題名　易藏叢書七種

附注　版心下有“研幾學社印行”

（1061）

032　周易變通解二卷首一卷末一卷

（清）萬裕澐

民國三十二年（1943）萬氏鉛印本

開本高25.3厘米，寬16.1厘米；版框高20.2厘米，寬13.3厘米

二十一行三十二字，小字雙行不等

白口，四周單邊，單黑魚尾

綫裝

2册

附注　鈐印：覺生手翰；書名據封面題名撰録

（1062）

033　周易雜卦證解四卷附説卦一卷雜卦一卷

周善培撰

民國二十四年（1935）鉛印本

開本高25.3厘米，寬17厘米；版框高19厘米，寬13.9厘米

十四行二十八字，小字雙行同

白口，四周單邊，單黑魚尾

綫裝

4册

批校題跋　民國廿一年春離北平在涂子厚筵上周孝懷先生譚及曾箸易解允以相贈訖廿六年暮春令次君孟立始交付書　盧子鶴（題）

子目：

上經二卷

周易繫辭傳二卷

附注　封面有毛筆題字；書名據封面題名撰録

（1063）

034　周易雜卦證解四卷附説卦一卷雜卦一卷

周善培撰

民國二十四年（1935）鉛印本

開本高25.5厘米，寬17厘米；版框高18.9厘米，寬14.1厘米

十四行二十八字

白口，四周單邊，單黑魚尾

綫裝

4册

子目：

上經二卷

周易繫辭傳二卷

附注　書名據封面題名撰録

（1063-1）

035　易經旁訓三卷圖説一卷

（元）解蒙精義　（明）朱升旁訓

清光緒九年（1883）魏氏古香閣刻本

開本高26.5厘米，寬16.7厘米；版框高22.9厘米，寬14.2厘米

行字不等

白口，左右雙邊，單黑魚尾

綫裝

3册

其他題名　易經精義旁訓

附注　鈐印：璞園侍者、陳樹棠、陳氏新猶、陳氏瑶圃書藏之印；有朱筆畫圈斷句；整套封面缺失，綫裝脱落，右上角部分缺失；眉上有音釋；書名據版心題名撰録

（1064）

036　尚書十三卷附考證

（漢）孔安國傳

清末四川存古學堂刻民國三十一年（1942）四川大學重刻本

開本高27厘米，寬17厘米；版框高20.4厘米，寬13.3厘米

八行十七字，小字雙行同

白口，四周雙邊，雙對黑魚尾

綫裝

2册

附注　尾册尾頁蟲蛀破損；書名據版心題名撰録；無内封；封面無題名

（1065）

037　尚書十三卷附考證

（漢）孔安國傳

國立四川大學刻本

開本高27厘米，寬17.2厘米；版框高20.4厘米，寬13.4厘米

八行十七字，小字雙行同

白口，四周雙邊，雙對黑魚尾

綫裝

2册

附注　版本信息源自中華古籍書目數據庫；鈐印：國立四川大學附設存古書局經售書籍□記；無内封；封面無題名；書名據版心題名撰録

（1066）

038　尚書十三卷附考證

（漢）孔安國傳

清末四川存古學堂刻民國三十一年（1942）四川大學重印本

開本高25.2厘米，寬15.2厘米；版框高19.9厘米，寬13.6厘米

八行十七字，小字雙行同

白口，四周雙邊，雙對黑魚尾

綫裝

3册

存九卷（卷一至卷九）

附注　無内封；封面無題名；書名據版心題名撰録

（1067）

039　尚書十三卷附考證

（漢）孔安國傳

民國尊經書院刻本

開本高27厘米，寬17.2厘米；版框高20.4厘米，寬13.4厘米

八行十七字，小字雙行同

白口，四周雙邊，雙對黑魚尾

綫裝

3册

附注　版本信息源自中華古籍書目數據庫；無内封；封面無題名；書名據版心題名撰録

（1067-1）

040　宋本尚書注疏附校勘記二十卷

（漢）孔安國傳

清光緒十三年（1887）脉望仙館石印本

開本高20.2厘米，寬13.3厘米；版框高15.3厘米，寬11.5厘米

二十行三十字，小字雙行不等

白口，四周單邊，单黑魚尾

綫裝

2册

其他題名　附釋音尚書注疏

（1068）

041　尚書注疏二十卷附尚書注疏校勘記二十卷

（漢）孔安國傳　（唐）孔穎達疏　（唐）陸德明音義　校勘記（清）阮元撰

清同治十三年（1874）湖南書局刻本

開本高25厘米，寬15厘米；版框高17.8厘米，寬12.5厘米

九行二十一字，小字雙行同

白口，四周單邊，無魚尾

綫裝

10册

所屬叢書題名　重刊宋本十三經注疏

附注　首册封面及内封缺失，尾册尾頁蟲蛀破損

（1069）

042　尚書注疏附校勘記二十卷

（漢）孔安國傳　（唐）孔穎達疏　（唐）陸德明音義　校勘記（清）阮元撰　（清）盧宣旬摘録

清嘉慶二十年（1815）南昌府學刻本

開本高24.2厘米，寬15厘米；版框高17.3厘米，寬12.7厘米

九行十五字，小字雙行同

上下黑口，左右雙邊，雙順黑魚尾

綫裝

6册

所屬叢書題名　重刊宋本十三經注疏

附注　首册及尾册封面缺失，牌記上方有缺損

（1070）

043　書經六卷

（宋）蔡沈集傳

民國商務印書館鉛印本

開本高26.6厘米，寬15.5厘米；版框高20.1厘米，寬14.6厘米

九行二十二字，小字雙行不同

白口，左右雙邊，單黑魚尾

綫裝

4册

批校題跋　□□批

附注　版心下有“商務印書館藏版”；版本信息參考學苑汲古

（1071）

又一部

（1071-1）

044　書經六卷

（宋）蔡沈集傳

清光緒十三年（1887）京都聚珍堂刻本

開本高24.4厘米，寬15.6厘米；版框高20.8厘米，寬14.7厘米

九行十七字，小字雙行同

白口，四周單邊，無魚尾

綫裝

4册

附注　書頁有修復；鈐印：康書百印；封面缺失；無内封；書名據版心題名撰録；版本信息參考學苑汲古

（1072）

045　影宋本尚書正義二十卷

（唐）孔穎達等撰

日本弘化四年（1847）熊本藩時習館刻本

開本高30.3厘米，寬20.4厘米；版框高21.4厘米，寬16.4厘米

九行十九字，小字雙行同

白口，四周單邊，單黑魚尾

綫裝

20册

附注　鈐印：熊本文庫藏梓

（1073）

046　書經六卷

（宋）蔡沈集傳

清光緒三十四年（1908）學部圖書局石印本

開本高19.2厘米，寬13厘米；版框高15厘米，寬10.5厘米

九行十七字，小字雙行同

白口，四周雙邊，無魚尾

綫裝

6册

批校題跋　民國九年盧子鶴識

附注　眉上有音釋；封面有毛筆題字

（1074）

047　尚書説要五卷

（明）吕柟撰　（清）李錫齡校刊

清光緒二十二年（1896）長沙刻本

開本高25.6厘米，寬15.4厘米；版框高16.7厘米，寬13.7厘米

十行二十一字

上下黑口，左右雙邊，單黑魚尾

綫裝

1册

所屬叢書題名　惜陰軒叢書

附注　封面破損；鈐印：李氏采南之章、在博古以誦今

（1078）

048　尚書考異六卷

（明）梅鷟撰

清光緒十八年（1892）浙江書局刻本

開本高28.5厘米，寬16.8厘米；版框高17.9厘米，寬13厘米

十行二十字

白口，四周單邊，單黑魚尾

綫裝

4册

附注　第四册封面缺失

（1079）

049　欽定書經傳説彙纂二十一卷首二卷

（清）聖祖玄燁敕撰

清道光十八年（1838）刻本

開本高31.9厘米，寬19.6厘米；版框高22厘米，寬16.2厘米

八行二十二字，小字雙行同

白口，四周雙邊，單黑魚尾

綫裝

12册

附注　書中附圖

（1080）

050　欽定書經傳説彙纂二十一卷首二卷

（清）聖祖玄燁敕撰

清同治七年（1868）刻本

開本高24厘米，寬15.5厘米；版框高18.3厘米，寬14厘米

十一行二十四字，小字雙行同

白口，左右雙邊，單黑魚尾

綫裝

12册

所屬叢書題名　欽定四庫全書

附注　書中附圖；鈐印：南充縣通俗教育社圖記

（1081）

051　尚書今古文注三十卷

（清）孫星衍撰注

清末間刻本

開本高25厘米，寬16.1厘米；版框高19.5厘米，寬14.2厘米

八行十七字，小字雙行同

白口，左右雙邊，雙對黑魚尾

綫裝

2册

所屬叢書題名　平津館叢書

附注　版本信息源自學苑汲古；鈐印：□□；書名據卷端題

名撰録；無内封；補配民國元年（1912）四川成都存古書局本

（1082）

052　尚書孔傳參正三十六卷

（清）王先謙撰

清光緒三十年（1904）虚受堂刻本

開本高27.3厘米，寬17.8厘米；版框高21厘米，寬15.3厘米

十二行二十五字，小字雙行同

白口，左右雙邊，雙對黑魚尾

綫裝

6册

附注　書中附表

（1083）

053　欽定書經圖説五十卷

（清）孫家鼐等撰　（清）詹秀林　（清）詹步魁繪圖

清光緒三十一年（1905）武英殿石印本

開本高32.4厘米，寬21.6厘米；版框高24.1厘米，寬16.2厘米

十行二十四字，小字雙行同

白口，四周雙邊，單黑魚尾

綫裝

16册

附注　封面缺失；無内封；第一册缺五頁，書中含圖；書名據版心題名撰録

（1084）

054　寄傲山房塾課纂輯書經備旨蔡傳捷録七卷

（清）鄒聖脉纂輯　（清）鄒廷猷編次

清雍正八年（1730）刻本

開本高23.9厘米，寬16厘米；上欄高5.5厘米，二十行十字，下欄高13.5厘米，十行二十字，小字雙行同

白口，四周單邊，單黑魚尾

綫裝

6册

附注　有朱筆畫圈斷句；每册已修復；版本信息參考學苑汲古；無内封

（1086）

055　尚書古文辨惑二十二卷

（清）張諧之撰

清光緒三十年（1904）宏農潛修精舍刻本

開本高27.4厘米，寬17.2厘米；版框高20.1厘米，寬14.6厘米

九行二十二字

白口，左右雙邊，單黑魚尾

綫裝

12册

附注　封面缺失；書頁有蟲蛀破損

（1087）

056　古文尚書冤詞平議二卷

（清）皮錫瑞撰

清光緒二十二年（1896）思賢書局刻本

開本高27.5厘米，寬19厘米；版框高18厘米，寬13.8厘米

十一行二十四字

上黑口，四周單邊，單黑魚尾

綫裝

1册

附注　封面缺失；綫裝鬆脱

（1088）

057　尚書中候疏證一卷

（清）皮錫瑞撰

清光緒二十五年（1899）思賢書局刻本

開本高27.5厘米，寬19厘米；版框高17.8厘米，寬13.8厘米

十一行二十四字

上黑口，四周單邊，單黑魚尾

綫裝

1册

附注　封面有水印；綫裝鬆脱

（1089）

058　書經精華十卷首一卷

（清）王巨源選編

清光緒九年（1883）魏氏古香閣刻本

開本高27.9厘米，寬17.3厘米；版框高22.5厘米，寬14.9厘米

十一行十六字，小字雙行不等

白口，左右雙邊，單黑魚尾

綫裝

6册

附注　書中附圖；鈐印：陳氏瑶圃書藏之印；版心下有“古香閣”

（1091）

059　書經恒解六卷書序辨正一卷

（清）劉沅輯注

清光緒間刻本

開本高26.8厘米，寬19.7厘米；版框高19厘米，寬14厘米

九行二十二字，小字雙行同

白口，左右雙邊，單黑魚尾

綫裝

6册

附注　綫裝脱落；無封面；書頁有蟲蛀破損

（1092）

060　禹貢提要二卷

（清）李昭纂輯

清光緒間刻本

開本高24.9厘米，寬10厘米；版框高18.7厘米，寬13厘米

八行二十字，小字雙行同

白口，四周雙邊，單黑魚尾

綫裝

1册

附注　封面缺失；鈐印：經甫；書名據版心題名撰録；無内封

（1093）

061　禹貢錐指二十卷

（清）胡渭撰

清康熙四十四年（1705）漱六軒刻本

開本高28.1厘米，寬16.4厘米；版框高18.7厘米，寬14.3厘米

十一行二十一字

白口，左右雙邊，單黑魚尾

綫裝

3册

存二卷（略例一卷圖一卷）

（1094）

062　韓詩外傳十卷

（漢）韓嬰撰　（清）周廷寀校注

清光緒元年（1875）望三益齋刻本

開本高27.3厘米，寬18.9厘米；版框高18.5厘米，寬13.2厘米

十行二十一字，小字雙行同

白口，左右雙邊，單黑魚尾

綫裝

4册

附注　用周趙校本合刊

（1095）

063　韓詩外傳十卷

（漢）韓嬰撰

清乾隆五十六年（1791）金谿王氏刻本

開本高25.2厘米，寬16.8厘米；版框高19.5厘米，寬14.3厘米

九行二十字

白口，四周單邊，單黑魚尾

綫裝

2册

所屬叢書題名　增訂漢魏叢書八十六種

附注　封面爲報紙；封面有毛筆題名；書名據封面題名撰録；版本信息參考學苑汲古

（1096）

064　毛詩鄭箋殘本三卷

（漢）毛亨傳　（漢）鄭玄箋

民國二年（1913）成都存古書局刻本

開本高27.8厘米，寬18.7厘米；版框高17.6厘米，寬12.5厘米

十行二十二字，小字雙行同

白口，左右雙邊，無魚尾

綫裝

1册

存三卷（卷四至卷六）

附注　鈐印：新猷、陸堂、學然後知不足

（1099）

065　詩本義十五卷附鄭氏詩譜一卷

（宋）歐陽修撰

民國都門印書局鉛印本

開本高25.9厘米，寬14.9厘米；版框高16.7厘米，寬11.2厘米

十一行二十九字

白口，四周單邊，無魚尾

綫裝

2册

附注　版本信息參考讀秀網與學苑汲古

（1105）

066　詩地理考六卷

（宋）王應麟撰

清光緒十年（1884）成都志古堂刻本

開本高22.3厘米，寬13.2厘米；版框高15.7厘米，寬10.3厘米

十行二十字，小字雙行同

白口，左右雙邊，單黑魚尾

綫裝

2册

（1107）

067　詩地理考六卷

（宋）王應麟撰

清光緒九年（1883）浙江書局刻本

開本高24.1厘米，寬15.2厘米；版框高18厘米，寬12.8厘米

十行二十字，小字雙行同

白口，左右雙邊，單黑魚尾

綫裝

1册

所屬叢書題名　欽定四庫全書、玉海

附注　封面有蟲蛀破損；封面有毛筆題名；版本信息參考學苑汲古與玉海

（1108）

068　毛詩古音考五卷

（明）陳第編

清光緒六年（1880）武昌張氏刻本

開本高24.9厘米，寬15.7厘米；版框高18.4厘米，寬12.8厘米

十行二十一字，小字雙行同

白口，四周雙邊，單黑魚尾

綫裝

4册

附注　版本信息參考學苑汲古

（1112）

069　毛詩説序六卷

（明）吕柟撰　（清）李錫齡校

清光緒二十二年（1896）長沙刻本

開本高25.8厘米，寬15.6厘米；版框高17.1厘米，寬12.9厘米

十行二十二字

上下黑口，左右雙邊，單黑魚尾

綫裝

2册

附注　鈐印：李氏采南之章、在博古以誦今；封頁有蟲蛀破損

（1113）

070　新編詩義集説四卷

（明）孫鼎撰

民國二十四年（1935）上海商務印書館影印本

開本高20.1厘米，寬13.2厘米；版框高14.1厘米，寬9.5厘米

十二行二十四字

白口，四周單邊，無魚尾

綫裝

5册

批校題跋　翰山氏訂於文翁石室之西軒

所屬叢書題名　宛委别藏

附注　鈐印：國立北平故宫博物院版權章；版本信息參考學苑汲古

（1114）

071　欽定詩經傳説彙纂二十一卷首二卷詩序二卷

（清）聖祖玄燁定　（清）王鴻緒纂　（清）揆叙總裁　（清）張廷玉等校

清道光十八年（1838）刻本

開本高29.8厘米，寬19.4厘米；版框高22.4厘米，寬16厘米

八行十八字，小字雙行不等

白口，四周雙邊，單黑魚尾

綫裝

18册

附注　封面有破損；卷首附圖；封面有毛筆題字

（1115）

072　欽定詩經傳説彙纂二十一卷首二卷詩序二卷

（清）聖祖玄燁定　（清）王鴻緒纂　（清）揆叙總裁　（清）張廷玉等校

清同治七年（1868）浙江書局重刻雍正間内府刻本

開本高24.2厘米，寬15.5厘米；版框高18.8厘米，寬14.1厘米

十一行二十四字，小字雙行同

白口，左右雙邊，單黑魚尾

綫裝

16册

附注　封面缺失；内頁附圖；鈐印：南充縣通俗教育社圖記；版本信息參考學苑汲古

（1116）

073　御纂詩義折衷二十卷

（清）傅恒等編纂

清中晚期刻本

開本高27.4厘米，寬18.9厘米；版框高20.4厘米，寬16.2厘米

八行二十字，小字雙行同

白口，四周雙邊，單黑魚尾

綫裝

10册

附注　封面破損，書頁有修復及補字；有朱筆斷句；無内封；書名據卷端題名撰録；版本信息參考學苑汲古

（1117）

074　詩毛氏傳疏三十卷附毛詩音四卷毛詩説一卷毛詩傳義類十九篇鄭氏箋考徵一卷

（清）陳奂撰

清光緒九年（1883）吴門南園陳氏掃葉山莊刻本

開本高24.1厘米，寬15.1厘米；版框高17厘米，寬13.1厘米

十行二十一字，小字雙行同

上下黑口，左右雙邊，雙順黑魚尾

綫裝

12册

附注　鈐印：校經山房成記督造書籍、盧廷棟印

（1119）

075　詩古微六卷

（清）魏源撰

民國球新印刷廠鉛印本

開本高23.3厘米，寬14.2厘米；版框高17.9厘米，寬12.2厘米

十三行三十五字

白口，四周雙邊，單黑魚尾

綫裝

1册

附注　版心下有"國立成都大學"；鈐印：陳氏瑶圃書藏之章、陳樹棠；書名據版心題名撰録；無内封

（1120）

076　毛詩稽古編三十卷

（清）陳啓源撰　（清）庞佑清校

清光緒九年（1883）上海同文書局影印本

開本高16.7厘米，寬10.1厘米；版框高12.4厘米，寬8.4厘米

十行二十五字

白口，四周單邊，單黑魚尾

綫裝

8册

附注　牌記有蟲蛀破損；鈐印：盧廷棟印；封面有毛筆題名；無内封；書名據版心題名撰録；版本信息參考學苑汲古

（1121）

077　詩經通論十八卷

（清）姚際恒撰　（清）王篤校定

民國十六年（1927）成都書局刻本

開本高17.8厘米，寬16.7厘米；版框高16.1厘米，寬11.4厘米

十行十七字，小字雙行同

白口，四周雙邊，單黑魚尾

綫裝

8册

附注　有朱筆斷句

（1122）

078　詩經通論十八卷

（清）姚際恒撰

民國三十三年（1944）北泉圖書館刻本

開本高26厘米，寬16厘米；版框高15.9厘米，寬11.4厘米

十行十七字，小字雙行同

白口，四周雙邊，單黑魚尾

綫裝

1册

存卷前（論旨）

附注　有朱筆斷句；書名據封面題名撰録；無内封；版本信息參考學苑汲古

（1124）

又一部

（1124-1）

079　詩問七卷

（清）王照圓撰

清光緒八年（1882）東路廳署刻本

開本高27.7厘米，寬15.6厘米；版框高18厘米，寬13.3厘米

九行二十一字，小字雙行同

上下黑口，左右雙邊，單黑魚尾

綫裝

6册

（1125）

080　詩經恒解六卷

（清）劉沅輯注

民國九年（1920）致福樓刻本

開本高26.5厘米，寬17.6厘米；版框高18.2厘米，寬13.9厘米

十一行二十四字，小字雙行同

白口，左右雙邊，單黑魚尾

綫裝

6册

附注　封面有破損

（1126）

081　詩集傳音釋二十卷附圖一卷綱領一卷詩序一卷

（宋）朱熹集傳　（元）許謙音釋　（元）羅復輯

清光緒七年（1881）山西濬文書局重刻本

開本高27.2厘米，寬17.1厘米；版框高15.8厘米，寬11厘米

九行十七字，小字雙行同

白口，左右雙邊，單黑魚尾

綫裝

5册

（1127）

082　詩説二卷

（清）王照圓撰

清光緒八年（1882）東路廳署刻本

開本高27.6厘米，寬15.6厘米；版框高17.4厘米，寬13厘米

九行二十一字，小字雙行同

上下黑口，左右雙邊，單黑魚尾

綫裝

2册

（1128）

083　經話甲編二卷

（清）廖平撰

清光緒二十三年（1897）尊經書局刻本

開本高26.3厘米，寬16.2厘米；版框高16.9厘米，寬12.5厘米

十行二十一字，小字雙行同

上下黑口，四周單邊，雙對黑魚尾

綫裝

2册

所屬叢書題名　四益館叢書

附注　封面脱落；鈐印：陳氏瑶圃書藏之章

（1129）

084　毛詩重言三卷附毛詩雙聲叠韻説一卷

（清）王貫山撰

民國二十二年（1933）雙流黄氏濟忠堂刻本

開本高28.1厘米，寬17.9厘米；版框高17.9厘米，寬13.5厘米

十行二十字，小字雙行同

上下黑口，左右雙邊，單黑魚尾

綫裝

1册

附注　鈐印：□□印；封面有破損，書頁有染色

（1130）

085　十一經初學讀本

（清）萬廷蘭編

清光緒二年（1876）四川學院衙門重刻南昌萬氏刻本

開本高24.4厘米，寬15.8厘米；版框高16.9厘米，寬12.5厘米

十行二十字，小字雙行同

上下黑口，四周雙邊，雙順黑魚尾

綫裝

2册

附注　鈐印：陳氏瑶圃書藏之章、陳氏新猷、樸園侍者、樹棠玩索之章；綫裝脱落

（1131）

086　詩經體注大全合參八卷

（清）高朝瓔撰

清末間刻本

開本高25.7厘米，寬16.4厘米；上欄高12.4厘米，行字不等，下欄高11厘米，九行十七字，小字雙行同

白口，左右雙邊，無魚尾

綫裝

4册

附注　書中附圖；整套封面缺失，首册內封缺失，首册綫裝鬆脱；版本信息參考學苑汲古；書頁有蟲蛀破損；無目録；書名據卷端題名撰録

（1132）

087　詩序解三卷

陳延傑撰

民國二十一年（1932）開明書店鉛印本

開本高20.1厘米，寬13.3厘米；版框高13.5厘米，寬9.4厘米

十行二十七字

下黑口，四周單邊，單黑魚尾

綫裝

1册

附注　書名據封面題名撰録

（1134）

088 詩毛氏學三十卷

（清末民初）馬其昶撰

民國五年（1916）京師第一監獄鉛印本

開本高26.9厘米，寬18.4厘米；版框高19.6厘米，寬16.3厘米

十六行三十三字，小字雙行不等

下黑口，四周單邊，單黑魚尾

綫裝

3册

附注 版心下有祁陽李崇周校正京師第一監獄印；版本信息參考學苑汲古

（1135）

089 毛詩二十卷附考證二十卷

（漢）鄭玄箋

民國十二年（1923）刻本

開本高24.7厘米，寬15.9厘米；版框高19.8厘米，寬13.5厘米

八行十七字，小字雙行同

白口，四周雙邊，雙對黑魚尾

綫裝

4册

附注 鈐印：□□印；書名據卷端題名撰録；無内封

（1136）

又一部

下黑口

（1136-1）

090　詩經精華十卷首一卷

（清）薛嘉穎撰

清光緒十一年（1885）魏氏古香閣刻本

開本高27.9厘米，寬17.2厘米；版框高22.8厘米，寬15.1厘米

十一行十六字，小字雙行不等

白口，左右雙邊，單黑魚尾

綫裝

5册

附注　版本信息參考學苑汲古；鈐印：陳氏瑶圃書藏之章、□□印、陸堂

（1137）

091　湘綺樓毛詩評點二十卷

（清）王闓運撰

民國二十四年（1935）國立四川大學朱印刻本

開本高31.5厘米，寬18.5厘米；版框高17.5厘米，寬12.2厘米

十行二十字，小字雙行同

下黑口，左右雙邊，單黑魚尾

綫裝

2册

附注　版本信息參考學苑汲古

（1138）

092　周禮六卷

（漢）鄭玄注　（唐）陸德明音義

清宣統元年（1909）學部圖書館鉛印本

開本高19.1厘米，寬13厘米；版框高15.8厘米，寬11厘米

九行十七字，小字雙行同

白口，四周單邊，無魚尾

綫裝

6册

子目：

天官冢宰

地官司徒

春官宗伯

夏官司馬

秋官司寇

冬官考工記

附注　鈐印：良輔

（1139）

093　周禮六卷

（漢）鄭玄注　（唐）陸德明音義

清光緒八年（1882）錦江書局影雕山東尚志堂刻本

開本高26.5厘米，寬17.6厘米；版框高18.2厘米，寬13.9厘米

九行十七字，小字雙行同

白口，四周單邊，無魚尾

綫裝

6册

子目：

天官冢宰

地官司徒

春官宗伯

夏官司馬

秋官司寇

冬官考工記

附注　封面有破損

（1140）

又一部

（1140-1）

094　周禮注疏四十二卷附校勘記

（漢）鄭玄注　（唐）陸德明音義　（唐）賈公彦疏　校勘記（清）阮元撰　（清）盧宣旬摘録

清光緒十八年（1892）湖南寶慶務本書局重刻本

開本高24.3厘米，寬14.9厘米；版框高17.3厘米，寬13厘米

九行十五字，小字雙行不等

上下黑口，左右雙邊，雙順黑魚尾

綫裝

14册

（1141）

095　周禮注疏四十二卷

（漢）鄭玄注　（唐）賈公彦疏　（唐）陸德明音義

清同治十三年（1874）湖南書局刻本

開本高26.3厘米，寬15.3厘米；版框高18厘米，寬12.7厘米

九行二十一字，小字雙行同

白口，左右雙邊，無魚尾

綫裝

16册

所屬叢書題名　欽定四庫全書、十三經注疏

附注　封面有破損；版本信息参考學苑汲古

（1142）

096　周禮注疏校勘記四十二卷

（清）阮元撰

清同治十三年（1874）湖南書局刻本

開本高25厘米，寬15.1厘米；版框高17.3厘米，寬12.5厘米

九行二十一字，小字雙行同

白口，左右雙邊，無魚尾

綫裝

4册

（1143）

097　欽定周官義疏四十八卷首一卷

（清）鄂爾泰等纂修

清道光十八年（1838）刻本

開本高31.7厘米，寬19.5厘米；版框高22.3厘米，寬16厘米

八行十八字，小字雙行不等

白口，四周雙邊，單黑魚尾

綫裝

28册

附注　書中附圖；尾頁有破損

（1145）

098 欽定周官義疏四十八卷首一卷

（清）鄂爾泰等纂修

清同治七年（1868）浙江書局刻本

開本高24.1厘米，寬15.4厘米；版框高18.9厘米，寬14厘米

十一行二十四字，小字雙行同

白口，左右雙邊，單黑魚尾

綫裝

24册

（1146）

099 周禮古學考十一卷

（清）李滋然撰

清宣統元年（1909）鉛印本

開本高23.7厘米，寬16厘米；版框高17.4厘米，寬13.3厘米

十一行二十四字，小字雙行同

白口，四周雙邊，單黑魚尾

綫裝

3册

附注　第一册綫裝脱落；缺封面

（1147）

100　周禮節訓六卷

（清）黄叔琳撰　（清）姚培謙重訂　（清）王永祺參閱

清光緒二十四年（1898）文成堂刻本

開本高24.1厘米，寬15.1厘米；版框高16.5厘米，寬13.9厘米

九行十九字，小字雙行同

白口，四周雙邊，單黑魚尾

綫裝

2册

（1148）

101　周禮初學讀本六卷

（清）萬廷蘭校刊

清光緒二年（1876）四川學院衙門刻本

開本高24.5厘米，寬15.9厘米；版框高25.5厘米，寬14.5厘米

十行二十字，小字單行同

上下黑口，四周雙邊，雙對黑魚尾

綫裝

2册

所屬叢書題名　十一經初學讀本十一種

附注　鈐印：陳氏瑶圃書藏之章、新猷、陸堂、樸園侍者、樹棠玩索之章

（1149）

102 周禮精華六卷

（清）陳龍標編輯

清光緒間古香閣刻本

開本高28厘米，寬17.4厘米；版框高22.5厘米，寬15.2厘米

十一行二十字

白口，左右雙邊，單黑魚尾

綫裝

4册

附注　眉上有音釋；鈐印：陳氏瑶圃書藏之章、陳氏新猷、樹棠珍藏、新猷、陸堂、樸園侍者

（1150）

103 儀禮十七卷

（漢）鄭玄注　（清）張爾岐句讀

清光緒八年（1882）錦江書局刻本

開本高27厘米，寬18.5厘米；版框高20.4厘米，寬14.6厘米

九行十七字，小字雙行同

白口，四周雙邊，無魚尾

綫裝

6册

（1151）

104　儀禮十七卷附監本正誤一卷唐石經正誤一卷

（漢）鄭玄注　（清）張爾岐句讀

清同治十一年（1872）山東書局刻本

開本高26.9厘米，寬18厘米；版框高20.2厘米，寬14.7厘米

九行十七字，小字雙行同

白口，四周單邊，無魚尾

綫裝

6册

附注　内封缺失；第六册四周破損；版本信息參考學苑汲古；綫裝脱落；書名據卷端題名撰録

（1152）

105　儀禮注疏十七卷附校勘記十七卷

（漢）鄭玄注　（唐）賈公彦疏　（唐）陸德明音義　（清）阮元校勘

清同治十三年（1874）湖南書局刻本

開本高26.6厘米，寬15.1厘米；版框高18.3厘米，寬12.7厘米

九行二十一字，小字雙行同

白口，左右雙邊，無魚尾

綫裝

20册

附注　鈐印：惠劬齋主人、花隆楊氏之玄珍藏金司圖章；無内封

（1153）

106 重刊宋本儀禮注疏五十卷附校勘記

（漢）鄭玄注 （唐）賈公彦疏 （唐）陸德明音義 （清）阮元校勘

清光緒十八年（1892）湖南寶慶務本書局刻本

開本高24.3厘米，寬14.9厘米；版框高19.5厘米，寬13厘米

十行十七字，小字雙行不等

上下黑口，左右雙邊，單黑魚尾

綫裝

12册

所屬叢書題名 欽定四庫全書總目

其他題名 儀禮疏、儀禮注疏

附注 書名據封面頁著録；第十二册尾頁蟲蛀破損；綫裝脱落

（1154）

107 儀禮注疏五十卷

（漢）鄭玄注 （唐）賈公彦疏

清刻本

開本高24.4厘米，寬14.7厘米；版框高16.6厘米，寬13.1厘米

九行二十一字，小字雙行同

上下黑口，左右雙邊，雙順黑魚尾

綫裝

17册

其他題名 儀禮疏、儀禮注疏

附注　整套封面及内封缺失；綫裝全部脱落；頁碼錯亂；書頁蟲蛀破損嚴重，建議修復；版本信息源自館内記録；書名據卷端題名撰録

（1155）

108　欽定儀禮義疏四十八卷首二卷

（清）高宗弘曆欽定

清末間刻本

開本高24.2厘米，寬14.5厘米；版框高18.8厘米，寬14厘米

十一行二十四字，小字雙行同

白口，左右雙邊，單黑魚尾

綫裝

28册

所屬叢書題名　御纂七經

附注　封面缺失；内封破損；版本信息參考學苑汲古；書名據卷端題名撰録

（1156）

109　欽定儀禮義疏四十八卷首二卷

（清）高宗弘曆欽定

清道光十八年（1838）刻本

開本高31.8厘米，寬19厘米；版框高21.7厘米，寬16.4厘米

八行二十二字

白口，四周雙邊，單黑魚尾

綫裝

24册

缺三卷（卷四十六至卷四十八）

（1157）

110　儀禮初學讀本十七卷

（清）萬廷蘭校刊

清光緒二年（1876）四川學院衙門刻本

開本高24.5厘米，寬15.9厘米；版框高20.5厘米，寬14.3厘米

十行二十字，小字雙行同

上下黑口，四周雙邊，雙順黑魚尾

綫裝

2册

附注　鈐印：陳氏瑶圃書藏之章、樸園侍者、樹棠玩索之章、新猷、陸堂

（1158）

111　儀禮章句十七卷

（清）吴廷華撰

清道光二十九年（1849）經國堂重刻本

開本高25.1厘米，寬15.1厘米；版框高18.3厘米，寬14.2厘米

十行二十字，小字雙行同

白口，左右雙邊，單黑魚尾

綫裝

6册

批校題跋　□□批

附注　封面缺失；鈐印：盧廷棟印；版本信息參考學苑汲古

（1159）

112　儀禮古今文疏義十七卷

（清）胡承珙撰

清光緒三年（1877）湖北崇文書局刻本

開本高27.6厘米，寬17.6厘米；版框高19.2厘米，寬14.9厘米

十二行二十四字，小字雙行同

上下黑口，四周雙邊，雙對黑魚尾

綫裝

4册

附注　鈐印：盧廷棟印；整套書蟲蛀破損嚴重

（1160）

113　儀禮鄭注句讀十七卷附監本正誤一卷石本正誤一卷

（清）張爾岐撰

清同治七年（1868）金陵書局刻本

開本高26.2厘米，寬18.1厘米；版框高18.2厘米，寬15厘米

九行二十四字，小字雙行同

白口，左右雙邊，單黑魚尾

綫裝

4册

附注　封面有毛筆題名

（1161）

114　儀禮恒解十六卷

（清）劉沅撰

清光緒三十一年（1905）豫誠堂刻本

開本高27.3厘米，寬16.8厘米；版框高19.2厘米，寬13.9厘米

九行二十二字，小字雙行同

白口，左右雙邊，單黑魚尾

綫裝

6册

附注　版本年代根據錫良在四川任職時間和第三頁中“奏光緒三十一年”定；第二册封面缺失

（1162）

115　禮記十卷

（元）陳澔集説

清同治三年（1864）浙江撫署刻本

開本高24.2厘米，寬15.7厘米；版框高21厘米，寬14.1厘米

九行十七字，小字雙行同

白口，四周單邊，無魚尾

綫裝

10册

附注　序有修復痕迹；書頁有蟲蛀破損；内封有水印；鈐印：康書百印

（1163）

116　禮記十卷

（元）陳澔集説

清善成堂刻本

開本高24.2厘米，寬15.2厘米；版框高17厘米，寬13厘米

九行十八字，小字雙行同

白口，左右雙邊，無魚尾

綫裝

10册

批校題跋　□□批

附注　版心注“善成堂”；眉上有音釋；封面缺失；無内封；書頁有蟲蛀；有朱筆斷句；鈐印：盧子鶴印；書名據卷端題名撰録

（1164）

117　禮記二十卷

（漢）鄭玄注

清尊經書院刻本

開本高27.5厘米，寬18.8厘米；版框高19.5厘米，寬13.5厘米

八行十七字，小字雙行同

白口，四周雙邊，雙對黑魚尾

綫裝

10册

附注　無内封；書名據版心題名撰録

（1165）

118　禮記注疏六十三卷附校勘記

（漢）鄭玄注　（唐）孔穎達疏　（清）阮元校勘

清同治十三年（1874）湖南書局刻本

開本高26.3厘米，寬15.2厘米；版框高17.9厘米，寬12.6厘米

九行二十一字，小字雙行同

白口，四周單邊，無魚尾

綫裝

29册

缺十卷（校勘記卷五十四至卷六十三）

附注　第二十九册缺尾頁；鈐印：惠劬齋主人、花隆楊氏之玄珍藏金司圖章；封面缺失；無内封；書名據版心題名撰録

（1166）

119　禮記集説十卷

（元）陳澔集説

清同治十一年（1872）湖南尊經閣刻本

開本高25.5厘米，寬16.1厘米；版框高18.9厘米，寬14.2厘米

十行十七字，小字雙行同

白口，左右雙邊，單黑魚尾

綫裝

9册

缺一卷（卷六）

批校題跋　□□批

附注　鈐印：盧廷棟之

（1167）

120　新定三禮圖二十卷

（宋）聶崇義撰

清康熙間刻本

開本高27.8厘米，寬18.6厘米；版框高21.6厘米，寬16.8厘米

十六行二十六字

白口，左右雙邊，雙順黑魚尾

綫裝

4册

所屬叢書題名　通志堂經解

附注　書名據新定三禮圖序題名撰録

（1168）

121　四禮疑五卷

（明）吕坤撰

明末清初間抄本

開本高25.3厘米，寬16厘米；版框高20.5厘米，寬14.3厘米

綫裝

1册

附注　此書紙張爲白棉紙；避諱字爲“歷”

（1169）

122　四禮翼不分卷

（明）吕坤撰

明末清初間抄本

開本高25.2厘米，寬15.8厘米；版框高20.7厘米，寬14.2厘米

綫裝

1册

附注　此書紙張爲白棉紙；避諱字爲“歷”

（1170）

123　四禮翼八卷

（明）呂坤撰

清同治二年（1863）品蓮書屋刻本

開本高26.5厘米，寬18.5厘米；版框高19.2厘米，寬13.8厘米

十六行二十六字

上下黑口，左右雙邊，單黑魚尾

綫裝

1册

批校題跋　□□批

其他題名　内封：呂叔簡先生四禮翼

（1171）

124　欽定禮記義疏八十二卷首一卷

（清）乾隆欽定

清道光十八年（1838）刻本

開本高31.8厘米，寬19.2厘米；版框高21.8厘米，寬16.5厘米

八行十八字，小字雙行不等

白口，四周雙邊，單黑魚尾

綫裝

40册

（1172）

125 欽定禮記義疏八十二卷首一卷

（清）乾隆欽定

清末間刻本

開本高24.2厘米，寬15.3厘米；版框高18.8厘米，寬14厘米

十一行二十四字，小字雙行同

白口，左右雙邊，單黑魚尾

綫裝

32册

附注　第一册封面缺失；無内封；書頁有附圖；版本信息源自館内記録；書名據卷端題名撰録

（1173）

126 禮記集解六十一卷

（清）孫希旦集解

清同治三年（1864）瑞安孫氏盤谷草堂刻本

開本高24.1厘米，寬15.2厘米；版框高17.4厘米，寬13.7厘米

十三行二十二字，小字雙行同

上下黑口，左右雙邊，單黑魚尾

綫裝

24册

（1174）

127　禮記恒解四十九卷

（清）劉沅輯注

民國豫誠堂刻本

開本高22.2厘米，寬17.1厘米；版框高20.1厘米，寬14.5厘米

九行二十二字，小字雙行同

白口，左右雙邊，單黑魚尾

綫裝

10册

附注　版本信息源自中華古籍書目數據庫

（1175）

128　禮記通讀一卷

（清）楊履晉撰

清宣統三年（1911）石印本

開本高24.5厘米，寬15厘米；版框高18.5厘米，寬12.6厘米

八行，大字小字不等

白口，四周雙邊，單黑魚尾

綫裝

1册

附注　鈐印：桊首；補配清光緒三十年（1904）石印本

（1178）

129　禮記初學讀本

（清）萬廷蘭校刊

清光緒二年（1876）四川學院衙門刻本

開本高24.5厘米，寬15.9厘米；版框高25.5厘米，寬14.5厘米

十行二十字

上下黑口，四周雙邊，雙順黑魚尾

綫裝

4册

所屬叢書題名　十一經初學讀本

附注　鈐印：陳氏瑶圃書藏之章、陳氏新猷、樹棠玩索之章、陸堂、新猷

（1179）

130　禮記旁訓六卷

（宋）陳澔撰

清光緒十年（1884）古香閣刻本

開本高26.5厘米，寬16.8厘米；版框高23.2厘米，寬14.2厘米

八行二十字，小字單行不等

白口，左右雙邊，單黑魚尾

綫裝

6册

批校題跋　魏氏校

其他題名　禮記精義旁訓

附注　鈐印：陳氏瑶圃書藏之章、樸園侍者、樹棠玩索之章、新猷、陸堂；封面及内封有蟲蛀

（1180）

131　禮記鄭讀考六卷

（清）陳壽祺撰

清道光十二年（1832）刻本

開本高26.5厘米，寬17.3厘米；版框高18.5厘米，寬14厘米

十行二十一字

白口，四周雙邊，單黑魚尾

綫裝

3册

附注　封面及内封有蟲蛀破損；版本信息參考學苑汲古

（1181）

132　孔叢伯説經五稿五種附一種

（清）孔廣林撰

清光緒十六年（1890）山東書局刻本

開本高28.8厘米，寬17.3厘米；版框高17.7厘米，寬13.7厘米

十行二十五字，小字雙行同

上下黑口，四周雙邊，單黑魚尾

綫裝

7册

子目：

周官肊測六卷叙録一卷

儀禮肊測十七卷叙録一卷

吉凶服名用篇八卷叙録一卷

禘祫觹解篇一卷

明堂億一卷

附儀禮箋士冠禮一卷　（漢）鄭玄注　（清）孔廣林箋

附注　版本信息源自館内記録及學苑汲古；綫裝脱落

（1182）

133　通德遺書所見録十九種叙録一卷

（清）孔廣林輯

清光緒十六年（1890）山東書局刻本

開本高28.8厘米，寬17.3厘米；版框高17.7厘米，寬13.7厘米

十行二十二字，小字雙行不等

上下黑口，四周雙邊，單黑魚尾

綫裝

4册

子目：

六藝論一卷　（漢）鄭玄撰

周易注十二卷　（漢）鄭玄注

尚書注十卷　（漢）鄭玄注

尚書中候注六卷　（漢）鄭玄注

尚書大傳注四卷　（漢）鄭玄注

毛詩譜一卷　（漢）鄭玄撰

三禮目録一卷　（漢）鄭玄撰

答周禮難一卷　（漢）鄭玄撰

魯禮禘祫義一卷　（漢）鄭玄撰

喪服變除一卷　（漢）鄭玄撰

箴左氏膏肓一卷　（漢）鄭玄撰

發公羊墨守一卷　（漢）鄭玄撰

釋穀梁廢疾一卷　（漢）鄭玄撰

論語注十卷　（漢）鄭玄注

論語篇目弟子一卷　（漢）鄭玄注

駁五經異義十卷　（漢）鄭玄撰

鄭志八卷　（三國・魏）鄭小同撰

孝經解一卷　（三國・魏）鄭小同撰

附注　版本信息源自館内記録及學苑汲古

（1182-1）

134　禮經宫室答問二卷

（清）洪頤煊撰

清光緒十年（1884）臨海馬氏師竹山房刻本

開本高27.3厘米，寬15.9厘米；版框高18.1厘米，寬13.6厘米

十一行二十字，上下黑口

四周雙邊，雙對黑魚尾

綫裝

1册

所屬叢書題名　傳經堂叢書

附注　鈐印：覃溪、□□；書頁有蟲蛀

（1183）

135　蔡氏月令二卷

（漢）蔡邕撰

清道光四年（1824）王氏刻本

開本高24.4厘米，寬16.1厘米；版框高16.4厘米，寬13.6厘米

十行二十一字，小字雙行同

白口，左右雙邊，單黑魚尾

綫裝

4册

（1184）

136　王制箋一卷

（清）皮錫瑞撰

清光緒三十四年（1908）思賢書局刻本

開本高27.7厘米，寬18.8厘米；版框高21.2厘米，寬15.1厘米

十二行二十五字，小字雙行同

白口，左右雙邊，單黑魚尾

綫裝

1册

附注　封面缺失；無内封；書名據卷端題名撰録

（1188）

137　春秋左傳杜注三十卷

（清）姚培謙補輯

清道光七年（1827）洪都漱經堂刻本

開本高27.7厘米，寬17.9厘米；版框高17.1厘米，寬12.4厘米

九行十九字，小字雙行不等

白口，左右雙邊，單黑魚尾

綫裝

12册

批校題跋　□□批

附注　鈐印：盧廷棟之；無内封；書名據卷端題名撰録

（1189）

138　春秋經傳集解三十卷附春秋年表一卷春秋名號歸一圖二卷

（晉）杜預撰

民國刻本

開本高26.8厘米，寬17.1厘米；版框高20.1厘米，寬13.6厘米

八行十七字，小字雙行同

白口，四周雙邊，雙對黑魚尾

綫裝

15册

附注　書中附表；版本信息参考學苑汲古；無内封；書名據卷端題名撰録

（1190）

又二部

（1190-1、1190-2）

139　附釋音春秋左傳注疏六十卷附校勘記六十卷

（晉）杜預注　（唐）陸德明音義　（唐）孔穎達疏　（清）阮元校勘

清道光六年（1826）南昌府學刻本

開本高22.8厘米，寬14.6厘米；版框高17.6厘米，寬12.9厘米

十行十七字，小字雙行不等

上下黑口，左右雙邊，雙順黑魚尾

綫裝

24册

附注　首册封面及内封左上角缺損，第二十四册破損嚴重；鈐印：□□

（1191）

140 春秋左傳注疏校勘記六十卷

（清）阮元撰

清同治十三年（1874）湖南書局刻本

開本高25厘米，寬15厘米；版框高17.5厘米，寬12.5厘米

九行二十字，小字雙行同

白口，左右雙邊，無魚尾

綫裝

6册

附注　第六册封面缺失

（1192）

141 春秋胡傳三十卷圖説一卷

（宋）胡安國傳

清三樂齋刻本

開本高25.1厘米，寬15.2厘米；版框高21厘米，寬12.9厘米

九行十八字，小字雙行同

白口，四周單邊，無魚尾

綫裝

6册

附注　書中附圖，書眉有音釋；無内封；書名據封面題名撰録

（1193）

142　春秋胡氏傳三十卷首一卷附録一卷

（宋）胡安國撰

民國三十二年（1943）復性書院鉛印本

開本高24.2厘米，寬14.9厘米；版框高15.5厘米，寬11.5厘米

十五行三十字

上下黑口，四周單邊，無魚尾

綫裝

2册

附注　第一册書頁上方破損；版心下有“復性書院校刊”；書名據封面題名撰録

（1194）

143　春秋集傳二十六卷

（宋）張洽撰

民國二十四年（1935）上海商務印書館影印本

開本高20厘米，寬13.2厘米；版框高14.6厘米，寬10.2厘米

十五行三十字，小字雙行同

白口，左右雙邊，單黑魚尾

綫裝

10册

缺七卷（卷十八至卷二十、卷二十三至卷二十六）

所屬叢書題名　宛委别藏

附注　版本信息源自《中國叢書綜録》；鈐印：博、叢德、

顧氏□修、嚴氏修□、文沼偕觀、元照之印、何首錫偕觀印、嘉慶御覽之寶、曹棨、良清、香修

（1199）

144　左氏摘奇十二卷

（宋）胡元質撰

民國二十四年（1935）上海商務印書館影印本

開本高20厘米，寬13.2厘米；版框高14.4厘米，寬9.6厘米

八行十七字，小字雙行不等

白口，左右雙邊，無魚尾

綫裝

3册

所屬叢書題名　宛委别藏

附注　版本信息源自《中國叢書綜録》

（1202）

145　春秋説志五卷

（明）吕楠撰　（清）李錫齡輯

清光緒二十二年（1896）湖南長沙惜陰軒書局刻本

開本高25.6厘米，寬15.4厘米；版框高16.9厘米，寬12.9厘米

十行二十二字

上下黑口，左右雙邊，單黑魚尾

綫裝

2册

附注　鈐印：李氏采南之章、在博古以誦今

（1207）

146　欽定春秋傳説彙纂三十八卷首二卷

（清）聖祖玄燁敕撰　（清）王掞等撰

清刻本

開本高31.8厘米，寬19.3厘米；版框高23厘米，寬16.1厘米

八行十五字，小字雙行不等

白口，左右雙邊，單黑魚尾

綫裝

21册

缺一卷（卷首上）

附注　版本信息源自館内記録及學苑汲古；無内封；書名據卷端題名撰録

（1208）

147　御纂春秋直解十二卷

（清）傅恒等纂修

清刻本

開本高26.7厘米，寬17.8厘米；版框高21.7厘米，寬16.1厘米

八行二十字

上下白口，四周雙邊，單黑魚尾

綫裝

6册

附注　綫裝脱落，蟲蛀嚴重；鈐印：盧廷棟之；版本信息源自館内記録及學苑汲古；無内封；書名據版心題名撰録

（1210）

148　春秋大事表五十卷附春秋輿圖一卷附録一卷

（清）顧楝高輯

清乾隆十三至十四年（1748—1749）萬卷樓刻本

開本高28.1厘米，寬17.6厘米；版框高21厘米，寬14.8厘米

十一行二十五字，小字雙行不等

白口，四周單邊，無魚尾

綫裝

20册

附注　封面缺失；蟲蛀嚴重；正文含表；版本信息源自館内記録及學苑汲古；無内封；書名據版心題名撰録

（1211）

又一部

（1211-1）

149 春秋左氏古經十二卷附五十凡一卷

（清）段玉裁撰

清光緒九年（1883）後知不足齋刻本

開本高23.8厘米，寬15.1厘米；版框高17.9厘米，寬13.3厘米

九行二十二字，小字雙行同

下黑口，左右雙邊，單黑魚尾

綫裝

2册

附注　封面標題缺失；鈐印：盧廷棟之

（1213）

150 左通補釋三十二卷

（清）梁履繩撰

清道光九年（1829）錢塘汪氏振綺堂刻，清光緒元年（1875）補本

開本高29.2厘米，寬17.3厘米；版框高18.9厘米，寬13.8厘米

十一行二十三字，小字雙行同

上下黑口，左右雙邊，單黑魚尾

綫裝

16册

附注　尾册尾頁有水印

（1214）

151　春秋集古傳注二十六卷首一卷

（清）郜坦撰

清光緒二年（1876）淮南書局刻本

開本高27.8厘米，寬17.8厘米；版框高21.5厘米，寬14.7厘米

十二行二十四字

白口，左右雙邊，單黑魚尾

綫裝

4册

附注　封面缺失

（1215）

152　春秋恒解八卷

（清）劉沅輯注

清咸豐豫誠堂刻本

開本高26.5厘米，寬17.4厘米；版框高14厘米，寬9.4厘米

九行二十三字，小字雙行同

白口，左右雙邊，單黑魚尾

綫裝

8册

附注　第八册封面缺失

（1216）

153 春秋集傳辨異十二卷

（清）趙培柱撰

清同治六年（1867）明德堂刻本

開本高25.4厘米，寬16.5厘米；版框高20.2厘米，寬14.5厘米

九行，每行字數不等

白口，左右雙邊，單黑魚尾

綫裝

8册

附注　封面缺失，書頁破損嚴重；鈐印：陳氏瑶圃書藏之章、樹棠珍藏、新猷、陳鍾奎印；眉上有音釋；有朱筆斷句；無内封；書名據版心題名撰録

（1217）

154 曲江書屋新訂批注左傳快讀十八卷首一卷

（清）李紹崧選訂

民國上海廣益書局

開本高20.2厘米，寬13.3厘米；版框高18厘米，寬12.3厘米

十四行，大字小字不等

白口，四周雙邊，單黑魚尾

綫裝

11册

附注　眉上有音釋；版心有"上海廣益書局校印"

（1218）

155　春秋例表三十八篇

（清）王代豐述　（清）廖震等編

清光緒三十四年（1908）東州刻本

開本高26.6厘米，寬15.3厘米；版框高19.5厘米，寬12.9厘米

八行十八字，小字雙行同

白口，左右雙邊，雙對黑魚尾

綫裝

2册

批校題跋　民國十二年子鶴（題）

附注　鈐印：盧子鶴印

（1219）

156　春秋左傳杜注補輯三十卷王朝列國紀年一卷

（清）姚培謙撰

清光緒九年（1883）江南書局刻本

開本高27厘米，寬18.7厘米；版框高18厘米，寬13.8厘米

十一行二十二字，小字雙行同

上下黑口，左右雙邊，雙對黑魚尾

綫裝

8册

附注　有朱筆斷句

（1220）

157 十一經初學讀本十一種

（清）萬廷蘭校刊

清光緒二年（1876）四川學院衙門重刻本

開本高24.5厘米，寬15.8厘米；版框高20.5厘米，寬14.2厘米

十行二十字，小字雙行同

上下黑口，四周雙邊，雙順黑魚尾

綫裝

5册

附注　鈐印：陳氏瑶圃書藏之章、樹棠玩索之章、新猷、陸堂

（1222）

158 春秋左傳折衷八卷

（清）王與山輯

清同治七年（1868）刻本

開本高24.5厘米，寬16.1厘米；版框高21.4厘米，寬15.3厘米

十二行，大字小字不等

白口，四周單邊，單黑魚尾

綫裝

8册

附注　第八册封面及册前四頁缺失

（1223）

159　春秋左傳折衷八卷

（清）王與山輯

清同治七年（1868）刻本

開本高26厘米，寬17.1厘米；版框高22.1厘米，寬15.4厘米

十二行三十六字，小字雙行同

上下白口，四周單邊，單黑魚尾

綫裝

8册

附注　有朱筆斷句；綫裝脱落

（1223-1）

160　春秋左傳旁訓十八卷

（清）魏朝俊輯

清光緒十年（1884）魏氏古香閣刻本

開本高26.6厘米，寬17.1厘米；版框高23.2厘米，寬15厘米

八行二十字

白口，左右雙邊，單黑魚尾

綫裝

12册

附注　有朱筆斷句；第十一、十二册封面尾頁缺失；鈐印：陳樹棠印、陳氏瑶圃書藏之章、陳氏新猷、樹棠玩索之章；眉上有音釋

（1224）

161　春秋左傳旁訓十八卷

（清）魏朝俊輯

清光緒十年（1884）魏氏古香閣刻本

開本高24.9厘米，寬16.8厘米；版框高23厘米，寬15厘米

八行二十字，小字不等

白口，左右雙邊，單黑魚尾

綫裝

9册

附注　有朱筆斷句；第九册尾頁缺失；眉上有音釋；鈐印：陳樹棠印、陳氏瑶圃書藏之章、璞園侍者、陳氏新猷

（1225）

162　春秋左傳旁訓十八卷

（清）魏朝俊輯

清光緒十年（1884）魏氏古香閣刻本

開本高25.5厘米，寬17.7厘米；版框高17厘米，寬11.5厘米

八行二十字

白口，左右雙邊，單黑魚尾

綫裝

10册

附注　有朱筆斷句；眉上有音釋；封面缺失

（1226）

163　春秋筆削大義微言考十一卷

（清末民國）康有爲撰

民國六年（1917）刻本

開本高24.2厘米，寬15.4厘米；版框高16.1厘米，寬12.5厘米

十三行二十六字，小字雙行同

下黑口，四周單邊，單黑魚尾

綫裝

10册

批校題跋　□□批

（1229）

164　春秋公法比義發微六卷

（清）藍光策撰

清宣統三年（1911）南洋印刷官廠鉛印本

開本高25.3厘米，寬14.8厘米；版框高17.3厘米，寬11.8厘米

十一行三十字

下黑口，四周雙邊，單黑魚尾

綫裝

6册

附注　書頁有修復

（1230）

165 春秋釋義十二卷

邱渭璜撰

民國二十年（1931）永聚興石印本

開本高26.3厘米，寬17厘米；版框高18.5厘米，寬14.4厘米

十四行十六字，小字十四字

白口，四周單邊，單黑魚尾

綫裝

6册

附注　版心下有“永聚興石印館印”

（1231）

166 春秋公羊傳十一卷

（漢）何休注　（唐）陸德明音義

清光緒八年（1882）錦江書局影雕山東尚志堂刻本

開本高26.3厘米，寬18.5厘米；版框高20.5厘米，寬15厘米

九行十七字，小字雙行同

白口，四周單邊，無魚尾

綫裝

4册

附注　封面缺失；版心題名“春秋公羊傳”；内封題名“公羊傳”

（1233）

又二部

（1233-1、1233-2）

167　監本附音春秋公羊注疏二十八卷附校勘記二十八卷

（漢）何休注　（唐）徐彥疏　（唐）陸德明音義　（清）阮元校勘

清光緒十八年（1892）湖南寶慶務本書局刻本

開本高24.3厘米，寬14.9厘米；版框高18.4厘米，寬13.4厘米

十行十七字，小字雙行不等

上下黑口，左右雙邊，雙順黑魚尾

綫裝

7册

（1234）

168　春秋公羊注疏校勘記二十八卷

（清）阮元撰

清同治十三年（1874）湖南書局刻本

開本高24.6厘米，寬15.1厘米；版框高18.2厘米，寬12.5厘米

九行二十一字，小字雙行同

白口，左右雙邊，無魚尾

綫裝

2册

（1235）

169 春秋公羊注疏二十八卷

（漢）何休注　（唐）徐彦疏　（唐）陸德明音義

明末清初汲古閣刻本

開本高24.3厘米，寬15.6厘米；版框高18.2厘米，寬12.5厘米

九行二十一字，小字雙行同

白口，左右雙邊，無魚尾

綫裝

8册

附注　封面破損嚴重，第八册尾頁缺失

（1236）

170 公羊春秋經傳驗推補證十一卷

（清）廖平

清光緒二十九年（1903）刻本

開本高25厘米，寬16厘米；版框高20.4厘米，寬13.7厘米

十行二十一字

白口，四周雙邊，單黑魚尾

綫裝

10册

附注　封面重新裝訂

（1237）

171　**董子春秋繁露十七卷附録一卷舊跋一卷**

（漢）董仲舒撰

清光緒二年（1876）浙江書局刻本

開本高25厘米，寬15.7厘米；版框高18.4厘米，寬13.4厘米

九行二十一字，小字雙行同

白口，左右雙邊，單黑魚尾

綫裝

2册

（1238）

又一部

（1238-1）

172　**春秋董氏學八卷附董氏學附傳一卷**

（清末民國）康有爲撰

清光緒十九年（1893）廣州萬木草堂刻本

開本高24.2厘米，寬15.4厘米；版框高16.1厘米，寬12.5厘米

十三行二十六字，小字雙行同

下黑口，四周單邊，單黑魚尾

綫裝

5册

所屬叢書題名　萬木草堂叢書

附注　版心下有“萬木草堂叢書”

（1239）

173 監本附音春秋穀梁傳注疏二十卷附校勘記

（晉）范甯集解　（唐）楊士勛疏　（清）阮元校勘

清光緒三年（1877）脉望仙館石印本

開本高20厘米，寬13.2厘米；版框高15厘米，寬11.5厘米

二十行三十四字，小字雙行不等

白口，四周單邊，單黑魚尾

綫裝

1册

所屬叢書題名　十三經注疏

（1240）

174 春秋穀梁傳十二卷附校刊記一卷

（晉）范甯集解　（唐）陸德明音義

清光緒八年（1882）錦江書局影雕山東尚志堂刻本

開本高27厘米，寬18.5厘米；版框高20.2厘米，寬15厘米

九行十七字，小字雙行同

白口，四周單邊，無魚尾

綫裝

4册

附注　鈐印：□□

（1241）

又一部

第四册左上角缺損，破損嚴重

（1241-1）

又一部

第四册尾頁上方缺失

（1241-2）

175　春秋穀梁注疏二十卷附校勘記

（晉）范甯集解　（唐）楊士勛疏

清同治十三年（1874）湖南書局刻本

開本高25厘米，寬15厘米；版框高18厘米，寬12.5厘米

九行二十一字，小字雙行同

白口，左右雙邊，無魚尾

綫裝

6册

（1242）

176　監本附音春秋穀梁注疏二十卷附校勘記

（晉）范甯集解　（唐）楊士勛疏　（清）盧宣旬校

清光緒十八年（1892）湖南寶慶務本書局刻本

開本高24厘米，寬15厘米；版框高17厘米，寬13厘米

十行十七字，小字雙行不等

上下黑口，左右雙邊，雙順黑魚尾

綫裝

4册

（1243）

177　重訂穀梁春秋經傳古義疏十一卷

（清）廖平撰

民國二十年（1931）渭南嚴氏刻本

開本高31.7厘米，寬18.3厘米；版框高20.5厘米，寬13.5厘米

十行二十四字，小字雙行同

下黑口，左右雙邊，單黑魚尾

綫裝

6册

所屬叢書題名　渭南嚴氏孝義家塾叢書

附注　有朱筆斷句；鈐印：□□；版心下有“渭南嚴氏孝義家塾叢書”

（1244）

178　孝經鄭氏注一卷

（漢）鄭玄撰　（清）嚴可均輯

民國三十三年（1944）怡蘭堂叢書本

開本高26.4厘米，寬15.4厘米；版框高18厘米，寬13.6厘米

十行二十字，小字雙行同

上下黑口，左右雙邊，單黑魚尾

綫裝

1册

所屬叢書題名　私立北泉圖書館叢書

（1245）

又一部

（1245-1）

179　孝經正疏九卷附校勘記

（宋）邢昺疏　（清）阮元校勘

清同治十三年（1874）湖南書局刻本

開本高25厘米，寬15厘米；版框高18厘米，寬12.5厘米

九行二十字，小字雙行同

白口，左右雙邊，無魚尾

綫裝

2册

（1246）

180　孝經一卷附弟子職

（宋）朱熹注　（清）任啓運釋

民國商務印書館鉛印本

開本高25.5厘米，寬14.5厘米；版框高18厘米，寬12.7厘米

十行二十三字，小字雙行不等

下黑口，四周雙邊，單黑魚尾

綫裝

1册

附注　版心下有“商務印書館版藏”；版本信息參考學苑汲古

（1247）

181　孝經存解四卷首一卷附孝經讀本一卷讀本考證一卷

（清）趙長庚撰

清光緒十年（1884）京都龍雲齋刻本

開本高25.5厘米，寬16厘米；版框高18.3厘米，寬14厘米

九行一十七字，小字雙行同

白口，四周雙邊，單黑魚尾

綫裝

3册

（1248）

182　孝經直解一卷

（清）劉沅撰

清光緒三十一年（1905）豫誠堂刻本

開本高26.5厘米，寬17.5厘米；版框高19厘米，寬14厘米

十行二十一字

白口，左右雙邊，單黑魚尾

綫裝

1册

（1249）

183　孝經鄭氏注一卷

（漢）鄭玄撰　（清）嚴可均輯

清光緒二十九年（1903）成都大關唐氏怡蘭堂刻本

開本高27厘米，寬20厘米；版框高18.2厘米，寬13.6厘米

十行二十字，小字雙行同

上下黑口，左右雙邊，單黑魚尾

綫裝

1册

附注　鈐印：康書百印

（1251）

184　七緯三十八卷附補遺

（清）趙在翰纂

清嘉慶十四年（1809）侯官趙氏小積石山房刻本

開本高26.2厘米，寬15.4厘米；版框高19.5厘米，寬13.6厘米

十行二十三字，小字雙行同

下黑口，四周雙邊，單黑魚尾

綫裝

8册

附注　有朱筆斷句；版心下有“小積石山房”

（1252）

185　經典釋文三十卷附序録考證一卷

（唐）陸德明撰　序録考證　（清）盧文弨輯

清光緒十五年（1889）湘南書局刻本

開本高24.5厘米，寬16厘米；版框高19厘米，寬14.5厘米

十一行二十二字，小字雙行同

上下黑口，四周單邊，雙對黑魚尾

綫裝

16册

附注　封面缺失

（1253）

186　經典釋文三十卷附考證附孟子音義二卷札記一卷

（唐）陸德明撰

清同治十三年（1874）成都尊經書院刻本

開本高25厘米，寬16.5厘米；版框高19厘米，寬14.6厘米

十一行二十二字，小字雙行同

上下黑口，四周雙邊，雙對黑魚尾

綫裝

11册

附注　鈐印：□□

（1254）

187　經典釋文三十卷

（唐）陸德明撰

清通志堂刻本

開本高25厘米，寬16.5厘米；版框高19.3厘米，寬15.4厘米

十一行十七字，小字雙行不等

白口，左右雙邊，雙順黑魚尾

綫裝

10册

附注　缺内封；版心下有“通志堂”；鈐印：□□

（1255）

188　相臺書塾刊正九經三傳沿革例

（宋）岳珂撰

清光緒三年（1877）湖北崇文書局刻本

開本高27.8厘米，寬17.2厘米；版框高19.3厘米，寬14.8厘米

十二行二十三字，小字雙行同

上下黑口，四周雙邊，雙對黑魚尾

綫裝

1册

附注　鈐印：康書百印

（1256）

189　六經天文篇二卷

（宋）王應麟撰

清光緒十年（1884）成都志古堂重刻本

開本高22.3厘米，寬13.2厘米；版框高15.8厘米，寬11厘米

十行二十字

白口，四周單邊，單黑魚尾

綫裝

2册

所屬叢書題名　清芬堂叢書

（1257）

190　五經異文十一卷

（明）陳士元撰　（清）吴毓梅校刊

清道光十三年（1833）刻本

開本高23.8厘米，寬14.5厘米；版框高18.7厘米，寬12.8厘米

九行二十字，小字雙行同

白口，四周雙邊，單黑魚尾

綫裝

3册

所屬叢書題名　歸雲别集

附注　版本信息源自館内記録及學苑汲古

（1259）

191　古微書三十六卷

（明）孫瑴輯

清嘉慶十七年（1812）對山問月樓刻本

開本高27厘米，寬17.1厘米；版框高20厘米，寬15.1厘米

十一行二十四字

下黑口，左右雙邊，單黑魚尾

綫裝

12册

所屬叢書題名　欽定四庫全書

附注　版心下有“對山問月樓”；版本信息源自館内記録及學苑汲古

（1261）

192　唐石經考異不分卷附補不分卷

（清）錢大昕撰

民國涵芬樓石印本

開本高20厘米，寬13.2厘米；版框高13.3厘米，寬9.5厘米

十行二十一字，小字雙行同

上下黑口，四周雙邊，單黑魚尾

綫裝

3册

批校題跋　民國戊午跋

（1262）

193　經學五書五種

（清）萬斯大撰

清乾隆二十六年（1761）辨志堂刻本

開本高25.2厘米，寬16厘米；版框高18.5厘米，寬13厘米

十一行二十一字

上下黑口，四周單邊，雙對黑魚尾

綫裝

4册

子目：

學禮質疑二卷

禮記偶箋三卷

儀禮商二卷附録一卷

周官辨非一卷

學春秋隨筆十卷

附注　整套封面缺失，第一册和第四册綫裝鬆脱；版本信息參考學苑汲古

（1263）

194　群經宫室圖二卷

（清）焦循撰

清嘉慶五年（1800）半九書塾刻本

開本高26.9厘米，寬17厘米；版框高20.7厘米，寬14.8厘米

十行二十字，小字雙行同

白口，左右雙邊，無魚尾

綫裝

2册

附注　書中附圖；序爲上下黑口

（1264）

195　經傳釋詞十卷補一卷再補一卷

（清）王引之撰　（清）孫經世補

清同治七年（1868）成都書局刻本

開本高26.7厘米，寬18.5厘米；版框高18厘米，寬13.8厘米

十行二十一字，小字雙行同

白口，左右雙邊，單黑魚尾

綫裝

4册

附注　整套封面缺失

（1265）

又一部

開本高31.1厘米，寬18.4厘米；版框高18.5厘米，寬13.9厘米

第一册封面上方缺失；書頁有水印

（1265-1）

196　石經彙函十種

（清）王秉恩輯

清光緒十六年（1890）元尚居刻本

開本高30厘米，寬19.9厘米；版框高18.5厘米，寬15厘米

十一行二十四字，小字雙行同

上下黑口，左右雙邊，雙對黑魚尾

綫裝

10册

子目：

石經考一卷　（清）顧炎武撰

石經考異二卷　（清）杭世駿撰

漢石經殘字考一卷　（清）翁方綱撰

魏三體石經遺字考一卷　（清）孫星衍撰

唐石經校文十卷　（清）嚴可均撰

後蜀毛詩石經殘本一卷　（清）王昶撰

北宋汴學二體石經記一卷　（清）丁晏撰

石經考文提要十三卷　（清）彭元瑞撰

石經補考十一卷　（清）馮登府撰

儀禮石經校勘記四卷　（清）阮元撰

附注　版心下有“元尚居校刊”；版本信息源自館内記録及學苑汲古；第一册書頁上方缺失

（1266）

197　經傳考證八卷

（清）朱彬撰

清道光刻本

開本高26厘米，寬16.7厘米；版框高18.1厘米，寬13.5厘米

九行十八字

白口，左右雙邊，單黑魚尾

綫裝

4册

附注　版本信息源自館内記録及學苑汲古

（1267）

198　九經疑難殘四卷

（宋）張文伯撰

民國二十四年（1935）上海商務印書館影印本

開本高20厘米，寬13.2厘米；版框高14厘米，寬10厘米

十行二十字

白口，四周單邊，無魚尾

綫裝

3册

存四卷（卷一至卷四）

所屬叢書題名　宛委别藏

附注　鈐印：嘉慶御覽之寶；版本信息源自《中國叢書綜録》（1269）

199　十三經札記十二種二十二卷

（清）朱亦楝撰

清光緒四年（1878）竹簡齋刻本

開本高23.9厘米，寬15厘米；版框高17.5厘米，寬12厘米

九行二十一字

白口，四周雙邊，單黑魚尾

綫裝

8册

子目：

周易札記三卷

尚書札記二卷

毛詩札記二卷

周禮札記二卷
儀禮札記一卷
禮記札記二卷
春秋左氏傳札記二卷
春秋公穀傳札記一卷
孝經札記一卷
論語札記三卷
孟子札記二卷
爾雅札記一卷
附注　鈐印：永麗居柯氏藏書印
（1271）

200　易堂問目四卷
（清）吴鼎輯
清乾隆間刻本
開本高25.3厘米，寬15.5厘米；版框高17.8厘米，寬13.2厘米
十行二十一字，小字雙行同
白口，左右雙邊，單黑魚尾
綫裝
4册
附注　版本信息源自中華古籍書目數據庫
（1272）

201 **五經小學述二卷校勘記一卷**

（清）莊述祖撰

清光緒九年（1883）刻本

開本高24.8厘米，寬15.5厘米；版框高17.5厘米，寬13.3厘米

十行二十字，小字雙行同

白口，左右雙邊，單黑魚尾

綫裝

1册

附注　書中附圖像

（1273）

202 **群經大義**

（清）廖平撰　（清）洪陳光編

民國六年（1917）成都存古書局刻本

開本高26.1厘米，寬17厘米；版框高18.3厘米，寬13.5厘米

十行二十一字，小字雙行同

白口，四周單邊，單黑魚尾

綫裝

1册

附注　封面缺失；鈐印：盧廷棟印

（1274）

203　經籍舊音辨證七卷

（清末民國）吴承仕撰

民國十二年（1923）鉛印本

開本高25.9厘米，寬15.2厘米；版框高15.1厘米，寬10.4厘米

十行二十五字，小字雙行同

下黑口，四周單邊，單黑魚尾

綫裝

1册

附注　版本信息源自館内記録及學苑汲古

（1276）

又一部

（1276-1）

204　經訓比義三卷

（清）黄以周撰

清光緒二十二年（1896）南菁講舍刻本

開本高23.8厘米，寬15.1厘米；版框高16.8厘米，寬12.5厘米

十行二十一字，小字雙行同

上下黑口，四周雙邊，單黑魚尾

綫裝

3册

（1277）

205 温經日記六卷

（清）林昌彝撰

清光緒十六年（1890）小石渠閣刻本

開本高26.2厘米，寬15.6厘米；版框高17.4厘米，寬12.7厘米

九行二十一字，小字雙行同

白口，四周雙邊，單黑魚尾

綫裝

6册

附注　版本信息源自館内記録及學苑汲古；鈐印：曾歸徐氏强誃

（1278）

206 古學考一卷

（清末民國）廖平撰

清光緒二十三年（1897）尊經書局刻本

開本高26.2厘米，寬16.7厘米；版框高18.4厘米，寬12.5厘米

十行二十二字，小字雙行同

白口，左右雙邊，單黑魚尾

綫裝

1册

附注　封面有鈐印：□□；書頁有染色

（1288）

又一部

開本高28.9厘米，寬17.6厘米；版框高18.4厘米，寬12.5厘米

（1280-1）

207　今古學考二卷

（清末民國）廖平撰

清光緒十二年（1886）刻本

開本高26.6厘米，寬17.7厘米；版框高16.8厘米，寬11.3厘米

十行二十字，小字雙行同

上下黑口，左右雙邊，單黑魚尾

綫裝

1册

附注　正文爲表

（1281）

208　僞經考十四卷

（清末民國）康有爲撰　（清末民國）梁啓超等校

民國萬木草堂刻本

開本高25.7厘米，寬15.5厘米；版框高16厘米，寬12厘米

十三行二十六字

下黑口，四周單邊，單黑魚尾

綫裝

5册

所屬叢書題名　萬木草堂叢書

附注　版心下有"萬木草堂叢書"；有朱筆斷句；鈐印：讀者還我書

（1282）

209　僞經考十四卷

（清末民國）康有爲撰　（清末民國）梁啓超等校

民國萬木草堂刻本

開本高25.7厘米，寬16厘米；版框高16厘米，寬12.2厘米

十三行二十六字

下黑口，四周單邊，單黑魚尾

綫裝

6册

（1283）

210　鄭志疏證八卷附鄭記考證一卷答臨孝存周禮難一卷

（清）皮錫瑞撰

清光緒二十五年（1899）刻本

開本高27.5厘米，寬19厘米；版框高18厘米，寬13.5厘米

十一行二十四字，小字雙行同

上下黑口，四周單邊，單黑魚尾

綫裝

4册

附注　封面缺失，無牌記；版本信息參考學苑汲古

（1284）

211　六藝論疏證一卷

（清）皮錫瑞撰

清光緒二十五年（1899）刻本

開本高27.5厘米，寬19厘米；版框高17.2厘米，寬13.5厘米

十一行二十四字，小字雙行同

上下黑口，四周單邊，單黑魚尾

綫裝

1册

附注　封面缺失

（1285）

212　欽定七經綱領

（清）德宗敕編

清宣統元年（1909）學部圖書局鉛印本

開本高20厘米，寬13.5厘米；版框高16厘米，寬12厘米

十四行三十二字

白口，四周雙邊，單黑魚尾

綫裝

1册

（1286）

213　經學通論五卷

（清）皮錫瑞撰

民國十二年（1923）涵芬樓影印本

開本高20厘米，寬13.5厘米；版框高14厘米，寬10厘米

十二行二十五字

白口，左右雙邊，單黑魚尾

綫裝

5册

（1287）

又一部

有朱筆斷句

（1287-1）

214　經學歷史一卷

（清）皮錫瑞撰

民國十六年（1927）上海涵芬樓影印本

開本高20厘米，寬13.5厘米；版框高10.5厘米，寬10厘米

十二行二十五字，小字雙行同

白口，左右雙邊，單黑魚尾

綫裝

1册

附注　有筆畫圈斷句

（1288）

又五部

（1288-1、1288-2、1288-3、1288-4、1288-5）

215　經學通論五種

（清）皮錫瑞撰

清光緒三十三年（1907）思賢書局刻本

開本高27.5厘米，寬19厘米；版框高21厘米，寬15.2厘米

十二行二十五字

白口，左右雙邊，單黑魚尾

綫裝

5册

子目：

易學通論不分卷

書經通論不分卷

詩經通論不分卷

春秋通論不分卷

三禮通論不分卷

（1289）

216 經學歷史一卷

（清）皮錫瑞撰

清光緒三十二年（1906）思賢書局刻本

開本高27.5厘米，寬19厘米；版框高20.6厘米，寬15.2厘米

十二行二十五字，小字雙行同

白口，左右雙邊，單黑魚尾

綫裝

1册

附注　封面缺失

（1290）

217 聖證論補評二卷

（清）皮錫瑞撰

清光緒二十五年（1899）刻本

開本高27.5厘米，寬19厘米；版框高17.6厘米，寬13.8厘米

十一行二十一字，小字雙行同

上下黑口，左右雙邊，單黑魚尾

綫裝

2册

附注　封面缺失

（1291）

218　重校稽古樓四書

（宋）朱熹注

民國十五年（1926）渭南嚴氏刻本

開本高32厘米，寬18.8厘米；版框高20.1厘米，寬13.5厘米

十行二十四字，小字雙行同

下黑口，左右雙邊，單黑魚尾

綫裝

12册

所屬叢書題名　渭南嚴氏孝孝義家塾叢書

附注　有朱筆斷句；鈐印：岳池陳氏璞園書藏金石圖籍、遺書與子子孫孫必讀、陳樹棠印；版心下有“渭南嚴氏孝”

（1293）

219　四書集注十九卷

（宋）朱熹集注

民國二十四年（1935）上海漢文正楷印書局刻本

開本高26厘米，寬15.5厘米；版框高18.5厘米，寬13厘米

九行十七字，小字雙行同

白口，四周單邊，無魚尾

綫裝

5册

附注　版本信息源自館内記録及學苑汲古

（1294）

220 **增訂畊餘瑣録十二卷**

（清）馮世瀛撰

清同治十二年（1873）刻本

開本高17厘米，寬12厘米；版框高13厘米，寬10厘米

十二行二十五字，小字雙行不等

白口，四周雙邊，單黑魚尾

綫裝

5册

附注　有朱筆斷句；鈐印：吴口裕口

（1296）

221 **四書疏注撮言大全**

（清）胡斐才輯

清乾隆二十八年（1763）文光堂刻本

開本高24厘米，寬15.4厘米；版框高18厘米，寬12.9厘米

九行三十四字，小字雙行不等

白口，四周單邊，單黑魚尾

綫裝

16册

子目：

大學一卷

中庸二卷

論語二十卷

孟子十四卷

附注　鈐印：陳氏瑶圃書藏之章、陳氏新猷、經甫；版心下有“桂月樓梓”；眉上有音釋；有朱筆斷句；整套無封面；尾册尾頁破損；版本信息源自館内記録及學苑汲古

（1297）

222　四書恒解十一卷

（清）劉沅輯注

清光緒十年（1884）豫誠堂刻本

開本高27.4厘米，寬17.1厘米；版框高19厘米，寬13.9厘米

十行二十字，小字雙行同

白口，四周雙邊，單黑魚尾

綫裝

9册

批校題跋　民國三十四年裕如題

子目：

大學一卷

中庸二卷

論語二十卷

孟子十四卷

附注　鈐印：甘裕如章、甘裕如、裕如氏章、甘氏裕如□

藏、□□鄧氏□□廉；書頁有染色；版心下有“豫誠堂鎸”；有朱筆斷句

（1298）

223　四書恒解十一卷

（清）劉沅輯注

清光緒十年（1884）豫誠堂刻本

開本高26.7厘米，寬17.6厘米；版框高19.1厘米，寬13.9厘米

十行二十字，小字雙行同

白口，四周雙邊，單黑魚尾

綫裝

10册

子目：

大學一卷

中庸二卷

論語二十卷

孟子十四卷

（1299）

224　四書釋地補一卷續補一卷三續補一卷又續補一卷

（清）閻若璩撰　（清）樊廷枚校補

清嘉慶二十一年（1816）梅陽海涵堂刻本

開本高23.5厘米，寬15.5厘米；版框高18厘米，寬12.2厘米

九行二十一字，小字雙行同

上下黑口，左右雙邊，無魚尾

綫裝

8册

附注　牌記有水印

（1300）

225　論語注疏二十卷附論語音義一卷論語注疏校勘記二十卷

（三國・魏）何晏集解　（宋）邢昺疏　（唐）陸德明音義（清）阮元校勘

清同治十三年（1874）湖南書局刻本

開本高25厘米，寬15.1厘米；版框高18.2厘米，寬12.5厘米

九行二十一字，小字雙行同

白口，左右雙邊，無魚尾

綫裝

5册

附注　有朱筆斷句

（1301）

226　論語注疏解經十卷附札記一卷

（三國・魏）何晏集解　（宋）邢昺疏

清光緒三十三年（1907）貴池劉氏玉海堂刻本

開本高29.2厘米，寬17.8厘米；版框高20.9厘米，寬14.6厘米

十三行二十字，小字不等

白口，四周雙邊，雙對黑魚尾

綫裝

2册

附注　鈐印：石體元藏書部

（1302）

227　南軒先生論語解十卷孟子説七卷

（宋）張栻撰

清道光二十五年（1845）綿邑洗墨池刻本

開本高25.7厘米，寬16.8厘米；版框高19.3厘米，寬13.8厘米

十一行二十字

白口，左右雙邊，單黑魚尾

綫裝

6册

附注　版本信息源自館内記録及學苑汲古

（1303）

228　論語傳注

（清）李塨撰

民國鉛印本

開本高24.8厘米，寬14.8厘米；版框高16.8厘米，寬11.3厘米

十行二十一字，小字雙行同

白口，四周雙邊，單黑魚尾

綫裝

2册

附注　版本信息源自中華古籍書目數據庫

（1304）

229　論語孔注辨僞二卷

（清）沈濤撰

清光緒間刻本

開本高25.4厘米，寬15.5厘米；版框高18.6厘米，寬13.1厘米

十一行二十一字，小字雙行同

上下黑口，左右雙邊，單黑魚尾

綫裝

1册

附注　版本信息源自中華古籍書目數據庫

（1305）

230　論語注二十卷

（清末民國）康有爲撰

民國六年（1917）京師美使館美森院刻本

開本高24.4厘米，寬15.2厘米；版框高15.9厘米，寬12.4厘米
十三行二十五字，小字雙行同
下黑口，四周單邊，單黑魚尾
綫裝
5册
（1306）

231 鄉黨圖考十卷

（清）江永撰
清道光五年（1825）元茂堂刻本
開本高25.8厘米，寬16.1厘米；版框高18.8厘米，寬13.9厘米
九行二十五字
白口，四周單邊，單黑魚尾
綫裝
4册
附注　正文爲表；有朱筆斷句；鈐印爲圖
（1307）

232 鄉黨圖考十卷

（清）江永撰
清道光五年（1825）元茂堂刻本
開本高27.2厘米，寬16.4厘米；版框高18.8厘米，寬13.9厘米
九行二十五字，小字雙行同

白口，四周單邊，單黑魚尾

綫裝

4册

附注　正文爲表

（1307-1）

233　孟子注疏解經十四卷附校勘記十四卷

（漢）趙岐注　（宋）孫奭疏　（清）阮元校勘

清光緒十三年（1887）上海脉望仙館石印本

開本高20.3厘米，寬13.3厘米；版框高15.3厘米，寬11.5厘米

二十行三十七字，小字雙行不等

白口，四周單邊，單黑魚尾

綫裝

2册

（1308）

234　增補蘇批孟子二卷附年譜一卷

（宋）蘇洵撰　（清）趙大浣增補

民國成都昌福公司石印本

開本高20.3厘米，寬13.3厘米；版框高15.3厘米，寬11.7厘米

十行二十四字，小字雙行同

白口，四周雙邊，單黑魚尾

綫裝

2册

批校題跋　蘇云批

附注　序及表中有書耳；正文爲表；有朱筆斷句

（1312）

235　孟子微八卷

（清末民國）康有爲撰

民國五年（1916）上海廣智書局鉛印本

開本高20.1厘米，寬13.2厘米；版框高15.2厘米，寬11.6厘米

十三行二十六字

上黑口，四周單邊，單黑魚尾

綫裝

2册

所屬叢書題名　萬木草堂叢書

附注　版心下有"萬木草堂叢書"

（1314）

236　孟子注疏十四卷音義二卷

（漢）趙岐注　（宋）孫奭疏並音義

清同治十三年（1874）湖南書局刻本

開本高25厘米，寬15厘米；版框高17厘米，寬12.5厘米

九行二十一字，小字雙行同

白口，左右雙邊，無魚尾

綫裝

5册

所屬叢書題名　十三經注疏

（1317）

237　孟子外書補注四卷

（宋）劉攽注　（清）陳矩補注

清光緒七年（1881）靈峰草堂刻本

開本高26厘米，寬16.5厘米；版框高19.7厘米，寬14.4厘米

十一行二十三字，小字雙行同

上下黑口，左右雙邊，單黑魚尾

綫裝

1册

所屬叢書題名　靈峰草堂叢書

附注　封面破損；鈐印：陸堂、學然後知不足、新猷、岳池陳氏璞園書藏金石圖籍

（1318）

238　孟子字義疏證三卷附録一卷

（清）戴震撰

民國十三年（1924）雙流劉氏刻本

開本高26.4厘米，寬16.7厘米；版框高11.2厘米，寬12.7厘米
十行二十一字，小字雙行同
上下黑口，左右雙邊，單黑魚尾
綫裝
1册
（1319）

239 四書集注

（宋）朱熹集注
清末上海商務印書館鉛印本
開本高26.5厘米，寬15.5厘米；版框高18.3厘米，寬12.6厘米
十行二十四字，小字雙行不等
白口，四周雙邊，單黑魚尾
綫裝
1册
存二卷（大學一卷、中庸一卷）
附注　版心下有“商務印書館藏版”
（1320）

又一部

（1320-1）

240　四書讀

（清末民國）歐陽漸撰

民國二十一年（1932）支那内學院刻本

開本高24.8厘米，寬14.9厘米；版框高18厘米，寬13厘米

十行二十字，小字雙行同

上下黑口，左右雙邊，單黑魚尾

綫裝

1册

存二卷（中庸讀一卷、大學王注讀一卷）

附注　鈐印：陳氏瑶圃書藏之章、樹棠玩索之章、陳樹棠印

（1321）

241　子思子七卷

（漢）鄭玄注

清光緒二十三年（1897）江陰南菁書院刻本

開本高23.9厘米，寬15.1厘米；版框高17.3厘米，寬12.6厘米

十一行二十一字，小字雙行同

上下黑口，左右雙邊，單黑魚尾

綫裝

2册

附注　序末標注“歲在柔兆涒灘”

（1326）

242 中庸説三卷

（宋）張九成撰　張元濟校勘

民國二十五年（1936）上海商務印書館影印本

開本高33.1厘米，寬22.2厘米；版框高20.2厘米，寬15.3厘米

十行十八字

白口，左右雙邊，雙順黑魚尾

綫裝

1册

所屬叢書題名　嘉業堂叢書

附注　鈐印：醴園藏書

（1328）

243 春秋公羊疏七卷

（漢）何休注　（唐）徐彦疏

民國二十四年（1935）上海商務印書館影印本

開本高33.1厘米，寬22厘米；版框高20.2厘米，寬15.3厘米

十五行二十七字

白口，左右雙邊，單黑魚尾

綫裝

2册

所屬叢書題名　嘉業堂叢書

附注　鈐印：醴園藏書

（1328-1）

244 中庸注一卷

（清末民國）康有爲撰

清光緒二十七年（1901）中國圖書公司和記鉛印本

開本高25.3厘米，寬14.3厘米；版框高16.5厘米，寬10.3厘米

十行二十八字

上下黑口，四周單邊，無魚尾

綫裝

1册

所屬叢書題名　演孔叢書

附注　綫裝脱落；版本信息源自館内記録及學苑汲古

（1329）

245 中庸章句質疑二卷

（清）郭嵩燾撰

清光緒十六年（1890）思賢講舍刻本

開本高26.8厘米，寬15.6厘米；版框高18厘米，寬13.7厘米

十一行二十四字，小字雙行同

上下黑口，左右雙邊，單黑魚尾

綫裝

2册

（1330）

246 大學古本質言一卷

（清）劉沅撰

清光緒三十一年（1905）刻本

開本高26.1厘米，寬16.7厘米；版框高17厘米，寬12.7厘米

十一行二十一字

上下黑口，左右雙邊，單黑魚尾

綫裝

1册

（1331）

247 大學古本質言一卷

（清）劉沅撰

民國二十一年（1932）西充鮮於氏特園刻本

開本高27.8厘米，寬18.3厘米；版框高18.6厘米，寬13.8厘米

十行十九字，小字雙行同

白口，四周雙邊，單黑魚尾

綫裝

1册

附注　有鈐印

（1331-1）

248 樂律全書十六種

（明）朱載堉撰

明萬曆二十三年至三十年（1595—1602）刻本

開本高30.4厘米，寬21.9厘米；版框高25.3厘米，寬20.1厘米

十二行二十五字

黑口，四周雙邊，雙對黑魚尾

綫裝

17册

子目：

樂學新説一卷

操縵古樂譜一卷

旋宫合樂譜一卷

鄉飲詩樂譜六卷

六代小舞譜一卷

小舞鄉樂譜一卷

二佾綴兆圖一卷

靈星小舞譜一卷

律吕精義内篇十卷外篇十卷

聖壽萬年曆二卷

萬年曆備考三卷

律曆融通四卷附録一卷

（1332）

249　爾雅三卷

（晉）郭璞注

清光緒八年（1882）錦江書局刻本

開本高27.2厘米，寬19.8厘米；版框高20.6厘米，寬15厘米
九行十七字，小字雙行同
白口，四周單邊，無魚尾
綫裝
3册
（1334）

250 爾雅音圖三卷

（晉）郭璞注　（清）姚之麟摹圖
清光緒十年（1884）上海同文書局石印本
開本高19.7厘米，寬12.4厘米；版框高12.7厘米，寬10.5厘米
十二行二十字，小字雙行同
上下黑口，四周雙邊，雙對黑魚尾
綫裝
1册
附注　書中附圖；封面缺失
（1336）

251 爾雅注疏十卷附校勘記十卷

（晉）郭璞注　（宋）邢昺疏　（清）阮元校勘　（清）盧宣旬摘録
清光緒十三年（1887）脉望仙館石印本
開本高20.2厘米，寬13.3厘米；版框高12.7厘米，寬10.5厘米

二十行三十四字，小字雙行不等

白口，四周單邊，單黑魚尾

綫裝

2册

（1337）

252 爾雅注疏十卷附校勘記十卷

（晉）郭璞注　（宋）邢昺疏　（清）阮元校勘　（清）盧宣旬摘録

清光緒十八年（1892）湖南寶慶務本書局刻本

開本高24.5厘米，寬15厘米；版框高17.2厘米，寬13厘米

十行十七字，小字雙行不等

上下黑口，左右雙邊，雙順黑魚尾

綫裝

4册

（1338）

253 爾雅注疏十卷

（晉）郭璞注　（宋）邢昺疏

清光緒十三年（1887）南昌府學刻本

開本高24.7厘米，寬16厘米；版框高17.5厘米，寬13厘米

十行十五字，小字雙行同

白口，左右雙邊，雙順黑魚尾

綫裝

4册

附注　有朱筆斷句；鈐印：經甫；第四册封面缺失

（1339）

254　爾雅注疏十卷附校勘記十卷

（晉）郭璞注　（宋）邢昺疏　（清）阮元校勘　（清）盧宣旬摘録

清同治十三年（1874）湖南書局刻本

開本高25.1厘米，寬15.2厘米；版框高18.2厘米，寬12.6厘米

九行二十一字，小字雙行同

白口，左右雙邊，無魚尾

綫裝

5册

批校題跋　□□批

附注　封面有批注

（1340）

255　爾雅音義二卷

（唐）陸德明撰

清刻本

開本高25厘米，寬15厘米；版框高17.5厘米，寬12.5厘米

九行二十一字，小字雙行同

白口，左右雙邊，無魚尾

綫裝

1册

附注　版本信息源自中華古籍書目數據庫

（1341）

又一部

開本高26.5厘米，寬15.2厘米；版框高17.6厘米，寬12.4厘米

（1341-1）

256　新刊爾雅翼三十二卷

（宋）羅願撰　（明）畢效欽校

明萬曆間刻本

開本高25.6厘米，寬16.2厘米；版框高19.6厘米，寬14.5厘米

十一行二十二字，小字雙行同

白口，左右雙邊，單黑魚尾

綫裝

6册

附注　鈐印：□□；書頁有修復

（1342）

257　爾雅郭注義疏二十卷

（清）郝懿行撰

清光緒十年（1884）榮縣蜀南閣刻本

開本高26.2厘米，寬16.3厘米；版框高18.5厘米，寬13.1厘米

九行二十一字，小字雙行同

上下黑口，左右雙邊，單黑魚尾

綫裝

8册

附注　有鈐印

（1343）

258　爾雅郭注義疏二十卷

（清）郝懿行撰

清光緒十四年（1888）湖北官書處刻本

開本高26.2厘米，寬16.3厘米；版框高18.5厘米，寬13.1厘米

九行二十一字，小字雙行同

上下黑口，左右雙邊，單黑魚尾

綫裝

8册

（1343-1）

又一部

（1343-2）

259　爾雅郭注義疏二十卷

（清）郝懿行撰

清同治四年（1865）刻本

開本高27.3厘米，寬15.8厘米；版框高18.8厘米，寬13.1厘米

九行二十五字，小字雙行同

上下黑口，四周單邊，單黑魚尾

綫裝

8册

附注　鈐印：龐、毅、龐毅之章、龐氏珍藏、□□

（1344）

260　爾雅郭注義疏三卷

（清）郝懿行撰

清光緒十年（1884）榮縣蜀南閣刻本

開本高24.5厘米，寬15.2厘米；版框高18.7厘米，寬13厘米

九行二十一字，小字雙行同

上下黑口，左右雙邊，單黑魚尾

綫裝

8册

（1345）

又三部

（1345-1、1345-2、1345-3）

261　爾雅郭注佚存補訂二十卷

（清）王樹楠撰

清光緒十八年（1892）資陽文莫室刻本

開本高28.6厘米，寬17.2厘米；版框高17.7厘米，寬14.4厘米

十行二十一字

上下黑口，左右雙邊，無魚尾

綫裝

6册

附注　版心下有“文莫室”

（1346）

262　爾雅補注殘本一卷

（清）劉玉麐撰

清光緒間刻本

開本高25.3厘米，寬15.5厘米；版框高17.6厘米，寬13.3厘米

九行二十二字，小字雙行同

上下黑口，左右雙邊，單黑魚尾

綫裝

1册

附注　版本信息源自館内記録及學苑汲古

（1347）

263　爾雅郭注補正三卷

（清）戴鎣撰

清乾隆間刻本

開本高24厘米，寬14.8厘米；版框高17.6厘米，寬12.7厘米

十一行二十一字，小字雙行同

白口，四周雙邊，單黑魚尾

綫裝

4册

附注　鈐印：校集秘書、一經傳舊德、杏花春雨江南

（1348）

264　爾雅補郭二卷

（清）翟灝撰

清光緒八年（1882）卷施誃刻本

開本高22.8厘米，寬13厘米；版框高13.8厘米，寬9.9厘米

九行二十一字，小字雙行同

上下黑口，四周單邊，無魚尾

綫裝

1册

附注　有朱筆斷句；鈐印：陳氏瑶圃書藏之章、陳樹棠印

（1349）

265　爾雅注疏本正誤五卷

（清）張宗泰撰

清光緒南陵徐氏刻本

開本高28.7厘米，寬18.1厘米；版框高16.5厘米，寬12.3厘米

十一行二十一字，小字雙行同

上下黑口，左右雙邊，雙對黑魚尾

綫裝

1冊

（1350）

266　爾雅今釋七卷

（清）宋育仁撰

民國十五年（1926）成都問琴閣刻本

開本高24.2厘米，寬14.7厘米；版框高16.4厘米，寬11.3厘米

十行二十一字，小字雙行同

上下黑口，左右雙邊，單黑魚尾

綫裝

1冊

批校題跋　盧子鶴題

（1352）

267　新爾雅十四卷

（清）汪榮寶　（清）葉瀾編纂

清光緒三十年（1904）刻本

開本高25.5厘米，寬16.8厘米；版框高19.3厘米，寬14.6厘米

十二行二十五字，小字雙行同

白口，左右雙邊，單黑魚尾

綫裝

2册

（1353）

268　小爾雅疏證五卷

（清）葛其仁撰

清刻本

開本高25.7厘米，寬16.9厘米；版框高17.5厘米，寬13.6厘米

十三行二十二字，小字雙行同

上黑口，左右雙邊，雙對魚尾

綫裝

2册

附注　鈐印：□□

（1354）

又一部

（1354-1）

269　廣雅疏證十卷附博雅音十卷

（清）王念孫撰

清光緒五年（1879）淮南書局刻本

開本高30.4厘米，寬17.6厘米；版框高20.2厘米，寬15.2厘米

十行二十一字，小字雙行同

白口，左右雙邊，單黑魚尾

綫裝

8册

附注　鈐印：龐氏秘藏、龐毅之章；整套書蟲蛀破損嚴重

（1355）

270　廣雅疏證十卷附博雅音十卷

（清）王念孫撰

民國上海鴻章書局石印本

開本高20厘米，寬13.1厘米；版框高16.5厘米，寬12厘米

十行二十一字，小字雙行同

白口，左右雙邊，單黑魚尾

綫裝

16册

（1356）

271　通雅五十三卷首三卷

（明）方以智撰

清光緒六年（1880）桐城方氏刻本

開本高25.5厘米，寬13.1厘米；版框高17.6厘米，寬13.4厘米

十二行二十五字，小字雙行同

上下黑口，左右雙邊，單黑魚尾

綫裝

10册

附注　書頁有修復

（1357）

272　别雅五卷

（清）吴玉搢輯

清道光二十九年（1849）小蓬萊山館刻本

開本高19厘米，寬13.3厘米；版框高13.2厘米，寬10.1厘米

十行二十字

白口，四周雙邊，單黑魚尾

綫裝

5册

批校題跋　民國二十六年樹棠記

附注　鈐印：陳氏瑶圃書藏之章、樹棠珍藏、□□秘藏、陳氏新猷；有朱筆斷句

（1358）

273 比雅十卷

（清）洪亮吉撰

清光緒五年（1879）授經堂刻本

開本高29.5厘米，寬17.2厘米；版框高18.1厘米，寬13.6厘米

十一行二十二字，小字雙行同

上下黑口，左右雙邊，無魚尾

綫裝

2册

（1359）

274 輶軒使者絶代語釋別國方言十三卷續方言二卷續方言補一卷

（漢）揚雄撰　（晉）郭璞注　續方言　（清）杭世駿撰

清光緒十七年（1891）思賢講舍刻本

開本高26.1厘米，寬16.4厘米；版框高17.7厘米，寬13.8厘米

十一行二十四字，小字雙行同

上下黑口，左右雙邊，單黑魚尾

綫裝

2册

附注　鈐印：□□

（1360）

又一部

（1360-1）

275　方言疏證十三卷附續方言二卷

（清）戴震撰　續方言　（清）杭世駿撰

清刻本

開本高25.8厘米，寬16.5厘米；版框高17.1厘米，寬12.4厘米

十行二十一字，小字雙行同

上下黑口，四周單邊，單黑魚尾

綫裝

4册

附注　封面缺失，牌記缺失；版本信息參考學苑汲古

（1361）

276　輶軒使者絶代語釋别國方言十三卷附續方言二卷

（漢）揚雄撰　續方言　（清）杭世駿撰

清末間刻本

開本高27厘米，寬18厘米；版框高18.4厘米，寬12.4厘米

十行二十一字，小字雙行同

上下黑口，四周單邊，單黑魚尾

綫裝

2册

附注　鈐印：陳樹棠印、學然後知不足、岳池陳氏璞園書藏金石圖籍；有朱筆斷句

（1362）

277 方言别録四卷

（清）張慎儀撰

清宣統三年（1911）刻本

開本高25.1厘米，寬15.1厘米；版框高18.5厘米，寬12.3厘米

十一行二十五字，小字雙行同

白口，左右雙邊，單黑魚尾

綫裝

2册

附注　鈐印：表年；版本信息參考學苑汲古

（1363）

278 續方言二卷

（清）杭世駿撰　（清）梁啓心校

清末間刻本

開本高19.5厘米，寬13厘米；版框高13.2厘米，寬10.2厘米

十行二十字，小字雙行同

白口，四周雙邊，單黑魚尾

綫裝

1册

附注　版本信息源自中華古籍書目數據庫

（1364）

279　續方言二卷

（清）杭世駿撰　（清）張慎儀校補

清光緒三十一年（1905）刻本

開本高25.5厘米，寬15.5厘米；版框高18.4厘米，寬12.3厘米

十一行二十五字，小字雙行同

白口，左右雙邊，單黑魚尾

綫裝

1册

附注　鈐印：表年

（1365）

280　蜀方言二卷

（清）張慎儀撰

民國刻本

開本高25.5厘米，寬16厘米；版框高18.5厘米，寬12.5厘米

十一行二十五字，小字雙行同

白口，左右雙邊，單黑魚尾

綫裝

1册

所屬叢書題名　𥳑園叢書

附注　鈐印：岳池陳氏璞園書藏金石圖籍

（1366）

又一部

（1366-1）

281　輶軒使者絶代語釋别國方言箋疏十三卷附校勘記十三卷

（清）錢繹撰

清光緒十六年（1890）廣雅書局刻本

開本高28.8厘米，寬17.7厘米；版框高21厘米，寬15.4厘米

十一行二十四字，小字雙行同

上下黑口，四周單邊，單黑魚尾

綫裝

4册

附注　鈐印：表年

（1368）

282　廣釋名二卷首一卷

（清）張金吾撰

清末藝林山房刻本

開本高18.4厘米，寬12.6厘米；版框高13.6厘米，寬9.9厘米

九行二十一字，小字雙行同

上下黑口，左右雙邊，無魚尾

綫裝

1册

附注　鈐印：□□；局部有蟲蛀破損缺失

（1369）

283　釋名疏證補八卷附續釋名一卷補遺一卷疏證一卷

（漢）劉熙撰　（清）畢沅　（清）王先謙疏證

清光緒二十二年（1896）刻本

開本高26.6厘米，寬15.2厘米；版框高18.2厘米，寬13.8厘米

十一行二十四字，小字雙行同

上下黑口，左右雙邊，單黑魚尾

綫裝

3册

附注　封面缺失，書頁有蟲蛀破損

（1370）

又一部

（1370-1）

284　黔雅五卷

許叔莊撰

民國三十一年（1942）貴陽鄦氏刻本

開本高24.4厘米，寬15厘米；版框高17.7厘米，寬13.6厘米

十一行二十字

上下白口，左右雙邊，單黑魚尾

綫裝

1册

附注　鈐印：嚴學窘、岳池陳氏璞園書藏金石圖籍

（1371）

285　字林考逸八卷補遺一卷校誤一卷附録一卷

（清）任大椿撰

清光緒二十三年（1897）成都龔氏褢馨精舍刻本

開本高25.5厘米，寬15.4厘米；版框高19.4厘米，寬13.7厘米

十行二十二字，小字雙行同

上下黑口，四周單邊，雙對黑魚尾

綫裝

4册

附注　版心下有“褢馨精舍鎸”；有朱筆斷句；鈐印：岳池陳氏璞園書藏金石圖籍

（1373）

286　字林七卷卷首一卷

（晉）吕忱撰

清嘉慶二十四年（1819）面城樓刻本

開本高26.3厘米，寬17厘米；版框高17.8厘米，寬14.4厘米

十行二十字，小字雙行同

白口，四周雙邊，單黑魚尾

綫裝

2册

附注　封面破損

（1374）

287　說文解字十五卷

（漢）許慎撰

民國鑄記書局石印本

開本高20.3厘米，寬13.5厘米；版框高16.2厘米，寬11.8厘米

十一行二十六字，小字雙行不等

白口，左右雙邊，單黑魚尾

綫裝

4册

（1375）

288　說文解字十五卷標目一卷

（漢）許慎撰

民國商務印書館影印本

開本高19.9厘米，寬12.8厘米；版框高16.2厘米，寬11.7厘米

十行十八字，小字雙行不等

白口，左右雙邊，單黑魚尾

綫裝

4册

附注　第四册蟲蛀嚴重

（1376）

289　**説文解字十五卷**

（漢）許慎撰

清刻本

開本高25.7厘米，寬16厘米；版框高18.4厘米，寬14厘米

十行二十二字，小字雙行同

白口，左右雙邊，單黑魚尾

綫裝

6册

附注　封面缺失；版本信息參考學苑汲古

（1377）

290　**説文解字三十卷標目一卷**

（漢）許慎撰

清同治十年（1871）刻本

開本高27厘米，寬17.7厘米；版框高20.9厘米，寬15.9厘米

七行十六字，小字雙行不等

白口，左右雙邊，單黑魚尾

綫裝

10册

（1378）

291　說文解字三十卷標目一卷

（漢）許慎撰

清光緒二年（1876）合州書賈影刻本

開本高30.3厘米，寬18.3厘米；版框高20.9厘米，寬15.1厘米

七行十六字，小字雙行不等

白口，左右雙邊，單黑魚尾

綫裝

8册

附注　第一册書頁上方破損嚴重

（1379）

292　說文解字通釋四十卷

（南唐）徐鍇傳釋　（宋）朱翺反切

民國七年（1918）上海掃葉山房石印本

開本高20厘米，寬13.3厘米；版框高16.2厘米，寬11.9厘米

十二行，大字小字不等

上下黑口，四周雙邊，單黑魚尾

綫裝

6册

（1380）

293 説文解字通釋四十卷附説文解字繫傳校勘記三卷

（南唐）徐鍇傳釋

清道光十九年（1839）壽陽祁氏刻本

開本高25.7厘米，寬15.8厘米；版框高19厘米，寬13.8厘米

十行，大字小字不等

白口，四周單邊，單黑魚尾

綫裝

10册

附注　有朱筆斷句

（1381）

294 説文解字篆韻譜五卷附録一卷

（宋）徐鉉撰

清末間刻本

開本高25.6厘米，寬15.9厘米；版框高18.4厘米，寬12.5厘米

十行，大字小字不等

白口，四周單邊，單黑魚尾

綫裝

2册

附注　封面缺失

（1382）

295　說文解字通釋四十卷校勘記三卷

（南唐）徐鍇傳釋

清道光十九年（1839）金陵劉漢洲刻本

開本高29.9厘米，寬18.2厘米；版框高20.2厘米，寬15.5厘米

七行，小字雙行二十二字

上下黑口，左右雙邊，單黑魚尾

綫裝

8册

（1383）

296　增廣鐘鼎篆韻七卷

（元）楊鉤撰

民國二十四年（1935）上海商務印書館影印本

開本高20厘米，寬13.2厘米；版框高14.3厘米，寬10.3厘米

七行，大字小字不等

白口，左右雙邊，無魚尾

綫裝

4册

所屬叢書題名　宛委别藏

附注　版本信息源自《中國叢書綜録》

（1384）

297　説文解字注三十二卷增附六書音均表五卷徐星伯説文段注札記一卷龔定菴説文段注札記一卷桂未谷説文段注鈔一卷桂未谷説文段注補鈔一卷

（清）劉肇隅編校

民國十年（1921）上海掃葉山房影印本

開本高20厘米，寬13厘米；版框高16.2厘米，寬11.7厘米

十四行三十七字，小字雙行同

白口，左右雙邊，單黑魚尾

綫裝

12册

附注　鈐印：孫燕、□□；版心下有“上海掃葉山房版藏”

（1385）

298　説文解字注三十二卷

（漢）許慎撰　（清）段玉裁注

清光緒三年（1877）尊經書院刻本

開本高26.7厘米，寬18厘米；版框高19.2厘米，寬13.8厘米

九行二十二字，小字雙行同

白口，左右雙邊，單黑魚尾

綫裝

15册

缺二卷（第一册卷三十一至卷三十二）

附注　有朱筆斷句；第一册封面缺失，破損嚴重

（1386）

299　説文解字注三十二卷

（漢）許慎撰　（清）段玉裁注

清光緒三年（1877）成都尊經書院重刻經韻樓刻本

開本高25.1厘米，寬16.7厘米；版框高19.4厘米，寬14厘米

九行二十二字，小字雙行同

白口，左右雙邊，單黑魚尾

綫裝

24册

附注　封面缺失；鈐印：瑶圃、鍾堂、陳鍾奎印

（1387）

300　説文句讀三十卷附句讀補正三十卷

（清）王筠撰

民國上海涵芬樓摹印本

開本高19.8厘米，寬13.2厘米；版框高15厘米，寬11.6厘米

十行二十四字，小字雙行同

白口，四周雙邊，單黑魚尾

綫裝

14册

附注　封面缺失一部分；尾册封面缺失，尾頁蟲蛀破損

（1388）

又一部

（1388-1）

301　說文解字句讀二十九卷附録一卷

（漢）許慎撰　（清）王筠撰集

清光緒八年（1882）尊經書局刻本

開本高27.6厘米，寬20.3厘米；版框高20厘米，寬15.5厘米

十行二十四字，小字雙行同

白口，四周單邊，單黑魚尾

綫裝

14册

附注　鈐印：龐毅之章

（1389）

302　說文釋例二十卷

（清）王筠撰

清光緒九年（1883）成都御風樓刻本

開本高25.9厘米，寬16.4厘米；版框高17.5厘米，寬13.3厘米

九行二十二字，小字雙行同

上下黑口，左右雙邊，雙對黑魚尾

綫裝

20册

附注　封面缺失

（1390）

303　說文釋例二十卷

（清）王筠撰

民國十四年（1925）上海掃葉山房石印本

開本高20.1厘米，寬13.1厘米；版框高15.2厘米，寬11.2厘米

十七行二十六字，小字雙行不等

白口，四周雙邊，單黑魚尾

綫裝

8册

附注　有朱筆斷句

（1391）

304　說文釋例二十卷

（清）王筠撰

清同治四年（1865）刻本

開本高25.7厘米，寬15.8厘米；版框高17.4厘米，寬13.2厘米

九行二十二字

上下黑口，左右雙邊，雙對黑魚尾

綫裝

20册

批校題跋　□□批

附注　有朱筆斷句

（1392）

305　說文通訓定聲十八卷

（清）朱駿聲撰

清同治九年（1870）臨嘯閣刻本

開本高26.2厘米，寬15厘米；版框高19.1厘米，寬12.7厘米

八行二十字

白口，四周雙邊，單黑魚尾

綫裝

22册

缺二卷（卷十三、卷十六）

附注　封面重新裝訂

（1393）

306 文字蒙求四卷

（清）王筠撰

清光緒五年（1879）會稽章氏刻本

開本高19.7厘米，寬16.6厘米；版框高15.6厘米，寬13.9厘米

六行十一字，小字雙行不等

白口，四周單邊，單黑魚尾

綫裝

1册

批校題跋　盧瀚讀

附注　封面破損嚴重

（1340）

307 文字蒙求四卷

（清）王筠撰

清光緒五年（1879）會稽章氏刻本

開本高27.6厘米，寬18.4厘米；版框高19.8厘米，寬13.8厘米

六行十一字，小字雙行不等

白口，四周單邊，單黑魚尾

綫裝

2册

附注　封面重新裝訂

（1395）

308　說文通訓定聲九卷

（清）朱駿聲撰

民國十七年（1928）掃葉山房石印本

開本高20.1厘米，寬13.5厘米；版框高17厘米，寬11.5厘米

十四行三十三字，小字雙行同

白口，四周雙邊，單黑魚尾

綫裝

8册

（1396）

309　說文審音十六卷

（清）張行孚撰

清光緒二十四年（1898）漸西村舍刻本

開本高24.4厘米，寬15.6厘米；版框高18.4厘米，寬14.4厘米

十行二十一字，小字雙行同

上下黑口，左右雙邊，單黑魚尾

綫裝

4册

（1398）

又一部

（1398-1）

310　許氏説文解字雙聲疊韻譜一卷

（清）鄧廷楨撰

清光緒七年（1881）後知不足齋刻本

開本高28.9厘米，寬16.6厘米；版框高21.4厘米，寬14.3厘米

九行二十字，小字雙行同

下黑口，四周雙邊，單黑魚尾

綫裝

1册

附注　版心下有“後知不足齋校刊”

（1399）

311　説文檢字二卷補遺一卷

（清）毛謨輯

清嘉慶二十一年（1816）歸安姚氏刻本

開本高26.4厘米，寬17厘米；版框高18.2厘米，寬13.6厘米

十三行，大字小字不等

上黑口，左右雙邊，雙對黑魚尾

綫裝

1册

所屬叢書題名　咫進齋叢書

附注　版心下有“咫進齋叢書歸安姚氏刊”

（1400）

312 說文古籒疏證六卷

（清）莊述祖撰

清光緒十二年（1886）吴縣潘氏刻本

開本高25.5厘米，寬15.5厘米；版框高18.6厘米，寬13.2厘米

九行二十二字，小字雙行同

上下黑口，左右雙邊，單黑魚尾

綫裝

4册

（1401）

313 說文通檢十四卷首一卷末一卷

（清）黎永椿編

民國十五年（1926）掃葉山房石印本

開本高20厘米，寬13厘米；版框高16厘米，寬12厘米

十行二十二字

白口，四周雙邊，單黑魚尾

綫裝

1册

附注　鈐印：志中山人趙印

（1402）

314　說文通檢十四卷首一卷末一卷

（清）黎永椿編

民國商務印書館石印本

開本高19.8厘米，寬13厘米；版框高16厘米，寬12厘米

十行二十二字

白口，左右雙邊，單黑魚尾

綫裝

2册

附注　封面蟲蛀嚴重

（1403）

又一部

（1403-1）

315　說文易檢十四卷

（清）史恩綿輯

民國六年（1917）涵芬樓影印本

開本高19.8厘米，寬13厘米；版框高14厘米，寬10.3厘米

十行，大字小字不等

白口，四周單邊，無魚尾

綫裝

8册

（1404）

316 說文古籀疏證六卷

（清）莊述祖撰

民國十一年（1922）上海圖書公司影印本

開本高19.9厘米，寬13.5厘米；版框高16.5厘米，寬11.3厘米

九行二十一字

上下黑口，四周單邊，單黑魚尾

綫裝

6册

（1405）

317 說文古籀補十四卷補遺一卷附録一卷

（清）吴大澂撰

民國八年（1919）蘇州振新書局影印本

開本高20厘米，寬13厘米；版框高16.5厘米，寬11.3厘米

八行十字

白口，四周單邊，單黑魚尾

綫裝

4册

附注　版本信息源自中華古籍書目數據庫

（1406）

318 說文古籀補十四卷補遺一卷附録一卷

（清）吴大澂撰

民國石印本

開本高19.8厘米，寬13.2厘米；版框高16厘米，寬10.2厘米

八行，大字小字不等

白口，四周單邊，單黑魚尾

綫裝

4册

（1407）

319 說文古籀補十四卷附録一卷

（清）丁佛言編

民國石印本

開本高19.8厘米，寬13.2厘米；版框高16.2厘米，寬10.4厘米

八行，大字小字不等

白口，四周單邊，單黑魚尾

綫裝

4册

（1408）

320 說文古籀三補十四卷附録一卷

（清）强運開輯

民國二十四年（1935）上海商務印書館石印本

開本高20.1厘米，寬13.2厘米；版框高13.9厘米，寬10.5厘米

八行，大字小字不等

白口，四周單邊，單黑魚尾

綫裝

2册

附注　鈐印：康書百印

（1409）

321　古籀拾遺三卷宋政和禮器文字考一卷

（清）孫詒讓撰

民國七年（1918）上海掃葉山房石印本

開本高19.8厘米，寬13厘米；版框高16.5厘米，寬12厘米

十一行二十二字，小字雙行同

上下黑口，左右雙邊，無魚尾

綫裝

4册

（1410）

322　説文答問疏證六卷

（清）錢大昕撰　（清）薛傳均疏證

民國三十年（1941）刻本

開本高17.9厘米，寬11.9厘米；版框高12.9厘米，寬9.9厘米

九行二十一字，小字雙行同

白口，四周雙邊，單黑魚尾

綫裝

3册

附注　整套書重新裝訂

（1411）

323 **古籀彙編十四卷檢字一卷**

徐文鏡編

民國二十三年（1934）上海商務印書館石印本

開本高20.1厘米，寬13.2厘米；版框高13.9厘米，寬9.4厘米

十行，大字小字不等

上黑口，四周單邊，無魚尾

綫裝

14册

附注　鈐印：白象

（1412）

324 **古籀彙十四卷檢字一卷**

傅厚光編

民國三十四年（1945）印學研究社石印本

開本高18.6厘米，寬13.4厘米；版框高15.5厘米，寬11.5厘米

九行，大字小字不等

上下黑口，四周單邊，無魚尾

綫裝

6册

（1413）

325 說文解字詁林提要

丁福保編

民國十七年（1928）上海醫學書局石印本

開本高26.6厘米，寬15.3厘米；版框高20厘米，寬12厘米

十行二十字

下黑口，左右雙邊，單黑魚尾

綫裝

1册

附注　鈐印：陳氏瑶圃書藏之章、陳氏新猷；有朱筆斷句

（1415）

326 說文解字詁林補遺提要

丁福保撰

民國二十一年（1932）無撰居士石印本

開本高26.4厘米，寬15.1厘米；版框高20.1厘米，寬12.6厘米

十二行二十字

下黑口，左右雙邊，單黑魚尾

綫裝

1册

（1416）

327 說文答問疏證六卷

（清）錢大昕撰　（清）薛傳均疏證

清道光歸安姚氏刻本

開本高26.2厘米，寬16.8厘米；版框高17.7厘米，寬13.7厘米

十三行二十二字，小字雙行同

上黑口，左右雙邊，雙對黑魚尾

綫裝

1册

附注　版心下有“咫進齋叢書歸安姚氏刊”

（1417）

328 說文逸字二卷

（清）鄭珍撰

清咸豐八年（1858）福山王氏刻本

開本高27.4厘米，寬18.3厘米；版框高17厘米，寬12.2厘米

十二行十八字，小字雙行同

黑口，四周單邊，單黑魚尾

綫裝

2册

所屬叢書題名　天壤閣叢書

附注　版心下有“天壤閣叢書福山王氏刊”；封面缺失；版本信息參考學苑汲古

（1418）

329　蒙雅一卷

（清）魏源撰

民國二十年（1931）成都志古堂刻本

開本高26厘米，寬16.6厘米；版框高19.9厘米，寬14.4厘米

十行二十四字，小字雙行同

白口，左右雙邊，單黑魚尾

綫裝

1册

（1419）

330　名原二卷

（清）孫詒讓撰

民國上海千頃堂影印本

開本高26厘米，寬14.9厘米；版框高18.9厘米，寬13.5厘米

十五行二十五字，小字雙行同

上下黑口，左右雙邊，無魚尾

綫裝

1册

（1420）

331　名原二卷

（清）孫詒讓撰

清光緒三十一年（1905）瑞安孫氏刻本

開本高28.8厘米，寬19.8厘米；版框高23.6厘米，寬16.8厘米

十五行二十五字，小字雙行同

下黑口，左右雙邊，無魚尾

綫裝

1册

（1421）

332 讀説文雜識一卷

（清）許棫撰

清光緒七年（1881）刻本

開本高25.8厘米，寬15.2厘米；版框高17.9厘米，寬13.6厘米

九行二十二字，小字雙行同

白口，四周雙邊，單黑魚尾

綫裝

1册

附注　鈐印：羅善承章、詩龕盦

（1422）

333 説文偏旁考二卷

（清）吴照撰

民國八年（1919）蘇州振新書社石印本

開本高19.9厘米，寬13.1厘米；版框高16厘米，寬11.8厘米

十二行二十四字

白口，左右雙邊，單黑魚尾

綫裝

4册

（1423）

334　説文假借義證二十八卷

（清）朱珔撰

清光緒二十五年（1899）中國圖書刊傳會景印本

開本高19.5厘米，寬13.1厘米；版框高13.4厘米，寬9.8厘米

十行二十一字

白口，四周雙邊，單黑魚尾

綫裝

28册

附注　版心下有“約古閣重刊本”

（1424）

335　康熙字典十二集備考一卷補遺一卷檢字一卷等韻一卷辨似一卷

（清）張玉書等纂修

清道光七年（1827）刻本

開本高25.7厘米，寬16.5厘米；版框高19.8厘米，寬13.8厘米

十六行二十四字

白口，四周雙邊，單黑魚尾

綫裝

44册

附注　封面鈐印已破損

（1425）

336　康熙字典十二集備考一卷補遺一卷

（清）聖祖玄燁敕　（清）張玉書等纂修

清刻本

開本高18.1厘米，寬11.5厘米；版框高12.9厘米，寬9.5厘米

八行十二字，小字雙行同

白口，四周雙邊，單黑魚尾

綫裝

40册

附注　封面爲報紙；鈐印：經甫

（1426）

337　澤存堂五種

（清）張士俊輯

清光緒十四年（1888）上海蜚英館石印本

開本高19.7厘米，寬13.1厘米；版框高14.9厘米，寬11.8厘米

十行二十字，小字雙行同

白口，左右雙邊，單黑魚尾

綫裝

8册

子目：

群經音辨七卷

字鑒五卷

廣韻五卷

佩觿三卷

玉篇三卷

（1427）

338 六書通十卷首一卷

（明）閔齊伋撰　（清）畢弘述並篆訂

清光緒十九年（1893）上海校經山房石印本

開本高20.2厘米，寬13.5厘米；版框高17.7厘米，寬12.5厘米

十六行二十字，小字雙行不等

白口，四周雙邊，單黑魚尾

綫裝

5册

附注　鈐印：子鶴；版心下有“校經山房石印”

（1428）

339　六書分類十二卷首一卷

（清）傅世垚輯

民國十年（1921）上海鴻寶齋影印本

開本高20.3厘米，寬13.1厘米；版框高16.4厘米，寬10.8厘米

八行十二字，小字雙行不等

白口，四周單邊，單黑魚尾

綫裝

24册

（1429）

340　十經文字通正書十四卷

（清）錢坫撰

清嘉慶二年（1797）中國書店影印本

開本高20.1厘米，寬13.1厘米；版框高15.4厘米，寬12厘米

七行十二字，小字雙行同

上下黑口，四周單邊，雙對黑魚尾

綫裝

4册

附注　封面破損

（1430）

341　文字學初步一卷

（清）李天根撰

民國十三年（1924）念劬堂刻本

開本高24厘米，寬15厘米；版框高16.9厘米，寬11.3厘米

十行十七字，小字雙行同

上下黑口，左右雙邊，單黑魚尾

綫裝

1册

附注　封面有數字

（1432）

342　文字學形義篇一卷

（清末民國）朱宗萊撰

民國十一年（1922）鉛印本

開本高22.9厘米，寬13.8厘米；版框高16.3厘米，寬11.3厘米

十三行三十三字，小字雙行同

下黑口，四周雙邊，單黑魚尾

綫裝

1册

附注　封面有鈐印：洪汝哼印

（1433）

343 説文管見三卷

（清）胡秉虔撰

清刻本

開本高23.3厘米，寬14.8厘米；版框高18.7厘米，寬13.7厘米

十一行二十二字，小字雙行同

白口，左右雙邊，單黑魚尾

綫裝

1册

附注　封面上方破損；版本信息源自館内記録及學苑汲古

（1434）

344 説文部首讀本一卷

（清）嘯雲主人編

清武昌書局刻本

開本高24.8厘米，寬14.3厘米；版框高19.3厘米，寬11.9厘米

八行十六字，小字雙行同

白口，左右雙邊，雙對黑魚尾

綫裝

1册

附注　版本信息源自館内記録及學苑汲古；鈐印：張淑嘉章

（1435）

345 說文解字部首二卷

（清）宋育仁撰

民國鉛印本

開本高25.1厘米，寬15.5厘米；版框高19.4厘米，寬13.3厘米

十三行二十三字，小字單行不等

白口，四周雙邊，單黑魚尾

綫裝

2册

批校題跋　□□批

附注　有朱筆斷句；鈐印：閬中趙嘯皋樓珍藏

（1436）

346 說文解字研究法一卷

馬叙倫撰

民國十八年（1929）商務印書館石印本

開本高26.6厘米，寬15.3厘米

十二行二十四字

白口，無版框，無魚尾

綫裝

1册

（1437）

又一部

鈐印：李挹清印

（1437-1）

347　說文匡鄦一卷

石廣權撰

民國二十年（1931）石印本

開本高26.5厘米，寬15.3厘米；版框高17.3厘米，寬11.9厘米

十行二十一字

白口，四周單邊，無魚尾

綫裝

1册

（1438）

348　說文引經考二卷附說文引經考補遺一卷

（清）吴玉搢撰

清道光元年（1821）歸安咫進齋刻本

開本高26.3厘米，寬16.9厘米；版框高17.8厘米，寬13.5厘米

十三行二十二字

上黑口，左右雙邊，雙對黑魚尾

綫裝

2册

所屬叢書題名　咫進齋叢書

附注　版心下有"咫進齋叢書歸安姚氏刊"

（1439）

349　說文管見三卷

（清）胡秉虔撰　（清）劉世珩校刊

清光緒聚學軒刻本

開本高29.8厘米，寬17.6厘米；版框高16.3厘米，寬12.2厘米

十一行二十一字，小字雙行同

上下黑口，左右雙邊，雙對黑魚尾

綫裝

1册

所屬叢書題名　聚學軒叢書

附注　版本信息源自中華古籍書目數據庫

（1440）

350　說文發疑六卷

（清）張行孚撰

清光緒九年（1883）刻本

開本高30.5厘米，寬17.5厘米；版框高18.4厘米，寬14.1厘米

九行二十字，小字雙行同

上下黑口，四周單邊，單黑魚尾

綫裝

3册

附注　封面缺失

（1441）

351　説文揭原二卷

（清）張行孚編

民國三十三年（1944）後知不足齋刻本

開本高30厘米，寬17.5厘米；版框高18.7厘米，寬13.9厘米

九行十九字，小字雙行同

上下黑口，左右雙邊，單黑魚尾

綫裝

2册

附注　封面破損嚴重

（1442）

又一部

封面缺失

（1442-1）

352　小學鉤沈十九卷

（清）任大椿撰　（清）王念孫校正

清光緒十年（1884）龍氏刻本

開本高25.8厘米，寬15.1厘米；版框高18.7厘米，寬12.8厘米

十行二十二字，小字雙行同

上下黑口，左右雙邊，雙對黑魚尾

綫裝

2册

（1444）

353　小學鈎沈十九卷

（清）任大椿撰　（清）王念孫校正

清光緒十年（1884）龍氏刻本

開本高24.6厘米，寬16厘米；版框高18.5厘米，寬12.7厘米

十行二十二字，小字雙行同

上下黑口，左右雙邊，雙對黑魚尾

綫裝

4册

附注　整套封面缺失

（1445）

354　小學定律二卷

尹桐陽撰

民國十四年（1925）湖北官紙印刷局鉛印本

開本高26厘米，寬15厘米；版框高18.2厘米，寬13.6厘米

十二行三十二字

白口，四周雙邊，單黑魚尾

綫裝

2册

附注　正文爲表

（1446）

355　文字學發凡三卷首一卷

馬宗霍撰

民國二十四年（1935）上海商務印書館石印本

開本高26.8厘米，寬15.3厘米

十三行四十字，小字雙行同

白口，無版框，無魚尾

綫裝

1册

附注　鈐印：洪汝哼印

（1448）

356　中國文字學三章

顧實撰

民國十九年（1930）上海商務印書館石印本

開本高26.8厘米，寬15.1厘米；版框高18.9厘米，寬10.9厘米

十三行三十八字，小字雙行同

白口，四周單邊，單黑魚尾

綫裝

1册

所屬叢書題名　東南大學叢書

附注　版心下有“東南大學叢書”

（1449）

又一部

（1449-1）

357　六書釋義二卷

（清）李天根輯

民國二十六年（1937）念劬堂刻本

開本高24.2厘米，寬14.6厘米；版框高16.5厘米，寬11.3厘米

十行二十一字

上下黑口，左右雙邊，單黑魚尾

綫裝

2册

附注　有朱筆斷句；鈐印：立三

（1451）

358　詩小學二十五卷

（清）吴樹聲撰

清同治十年（1871）壽光官廨刻本

開本高25厘米，寬16.1厘米；版框高19.3厘米，寬13.8厘米

十行二十字

白口，左右雙邊，單黑魚尾

綫裝

12册

（1452）

359　玉篇三十卷

（宋）陳彭年重修

清同治十三年（1874）廣州粤東書局刻本

開本高25.5厘米，寬15.8厘米；版框高18.5厘米，寬13.8厘米

十行二十一字

白口，左右雙邊，單黑魚尾

綫裝

5册

所屬叢書題名　小學彙函

（1453）

360　急就篇四卷

（漢）史游撰

清光緒十年（1885）成都志古堂刻本

開本高20.2厘米，寬13.1厘米；版框高15.3厘米，寬10.9厘米

十行二十字，小字雙行同

白口，四周單邊，單黑魚尾

綫裝

2册

附注　有朱筆斷句

（1455）

361　急就章一卷附考證

（漢）史游撰

清刻本

開本高25.5厘米，寬15.3厘米；版框高18.2厘米，寬13.5厘米

九行二十四字，小字雙行同

上下黑口，左右雙邊，單黑魚尾

綫裝

1册

附注　版本信息源自館内記録

（1456）

362 急就篇四卷

（漢）史游撰　（唐）顔師古注　（宋）王應麟補注

清同治間刻本

開本高25.6厘米，寬15.9厘米；版框高18厘米，寬13.9厘米

十行二十一字，小字雙行同

白口，左右雙邊，單黑魚尾

綫裝

2册

附注　版本信息源自館内記録

（1457）

363 急就篇四卷

（漢）史游撰　（唐）顔師古注　（宋）王應麟補注

清咸豐八年（1858）福山王氏刻本

開本高25.9厘米，寬17.2厘米；版框高17.5厘米，寬12.3厘米

十行二十一字，小字雙行同

上下黑口，四周單邊，單黑魚尾

綫裝

2册

批校題跋　盧子鶴識

所屬叢書題名　天壤閣叢書

附注　版心下有“天壤閣叢書福山王氏刊”

（1458）

364　匡謬正俗八卷

（唐）顔師古撰

清同治十三年（1874）廣州粤東書局刻本

開本高25.5厘米，寬15.8厘米；版框高17.9厘米，寬13.7厘米

十行二十一字

白口，左右雙邊，單黑魚尾

綫裝

1册

所屬叢書題名　古經解彙函

（1459）

365　倉頡篇三卷續本一卷補本二卷補本續一卷

（清）孫星衍輯　（清）任大椿續輯　（清）陶方琦補輯

清光緒二十三年（1897）成都龔氏褒馨精舍刻本

開本高25.4厘米，寬16.3厘米；版框高18厘米，寬13厘米

十行二十二字，小字雙行同

上下黑口，四周單邊，單黑魚尾

綫裝

2册

附注　有朱筆斷句；版心下有“褒馨精舍鎸”；鈐印：岳池陳氏璞園書藏金石圖籍

（1461）

366 倉頡篇校證三卷補遺一卷

（清）梁章鉅撰

清光緒五年（1879）刻本

開本高29.7厘米，寬17.7厘米；版框高18.7厘米，寬13.3厘米

六行二十字，小字雙行同

白口，四周雙邊，單黑魚尾

綫裝

2册

（1462）

367 干禄字書一卷

（唐）顔元孫撰

清同治十三年（1874）廣州粤東書局刻本

開本高25.5厘米，寬15.8厘米；版框高18.6厘米，寬13.7厘米

十行二十一字

白口，左右雙邊，單黑魚尾

綫裝

1册

所屬叢書題名　古經解彙函

（1463）

368　五經文字三卷

（唐）張參撰

清同治十三年（1874）廣州粵東書局刻本

開本高25.5厘米，寬15.8厘米；版框高18.6厘米，寬13.7厘米

十行二十一字

白口，左右雙邊，單黑魚尾

綫裝

1册

所屬叢書題名　小學彙函

（1463-1）

369　復古編二卷附安陸集一卷曾樂軒稿一卷附録一卷

（宋）張有撰　安陸集　（宋）張先撰　曾樂軒稿　（宋）張維撰

清光緒八年（1882）淮南書局刻本

開本高26.2厘米，寬15.1厘米；版框高18.7厘米，寬13.4厘米

五行，大字小字不等

上下黑口，四周單邊，無魚尾

綫裝

3册

（1464）

370　古俗字略七卷

（明）陳士元撰

清末吴毓梅刻本

開本高23.8厘米，寬14.5厘米；版框高18.7厘米，寬12.8厘米

七行，大字小字不等

白口，四周雙邊，單黑魚尾

綫裝

6册

所屬叢書題名　歸雲别集

附注　版本信息源自中華古籍書目數據庫

（1466）

371　正俗備用字解四卷辨似一卷辨同一卷補遺一卷

（清）王兆琛撰

清咸豐五年（1855）刻本

開本高26.5厘米，寬15.3厘米；版框高17.9厘米，寬12.1厘米

九行二十四字，小字雙行同

上下黑口，四周單邊，雙對黑魚尾

綫裝

4册

（1468）

372　六書通摭遺十卷

（清）畢星海輯　（清）葛時徵校

民國十八年（1929）掃葉山房石印本

開本高19.9厘米，寬13.2厘米；版框高14.8厘米，寬11.3厘米

九行十二字

白口，四周雙邊，單黑魚尾

綫裝

5册

（1469）

373　隸辨八卷

（清）顧藹吉撰

民國十二年（1923）掃葉山房石印本

開本高20厘米，寬13.2厘米；版框高14.5厘米，寬10.4厘米

十二行二十字

白口，四周單邊，單黑魚尾

綫裝

8册

（1470）

374　助字辨略五卷

（清）劉淇撰

民國上海古書流通處影印本

開本高20.1厘米，寬13.5厘米；版框高15.3厘米，寬11.5厘米

十三行二十四字

白口，四周單邊，單黑魚尾

綫裝

5册

附注　有朱筆斷句；版心下有“海源閣”

（1471）

375　助字辨略五卷

（清）劉淇撰

民國十三年（1924）長沙楊氏刻本

開本高25.8厘米，寬15厘米；版框高19.1厘米，寬13厘米

九行二十字

白口，左右雙邊，單黑魚尾

綫裝

5册

（1472）

376　字典考證十二集三十六卷

（清）道光敕編

清末愛日堂刻本

開本高24.6厘米，寬15.6厘米；版框高17.3厘米，寬13.2厘米

十行二十一字

白口，左右雙邊，無魚尾

綫裝

8册

附注　版本信息源自中華古籍書目數據庫；題名據内封題録；清道光十一年（1831）奕繪、阿爾邦阿、那清安、王引之等進表

（1473）

377　述均十卷

（清）夏燮撰

民國十九年（1930）北平富晉書社石印本

開本高26.6厘米，寬15.7厘米；版框高17.5厘米，寬13.7厘米

十一行二十二字，小字雙行同

上黑口，左右雙邊，單黑魚尾

綫裝

4册

附注　第一册封面缺失；牌記印有"乙卯中秋刻於番陽官廨"，對比書的版本應是民國版；鈐印：黄縣王富晉章

（1474）

378　簡字全譜

（清末民初）勞乃宣撰

清光緒三十二年（1906）刻本

開本高25.3厘米，寬15.2厘米；版框高18厘米，寬13.4厘米

十行二十二字

上黑口，左右雙邊，單黑魚尾

綫裝

4册

附注　正文爲表；版心下有“矩齋所學”

（1475）

379　一切經音義一百卷

（唐）釋慧琳撰

日本元文三年（1738）京都獅谷白蓮社刻本

開本高26.1厘米，寬18.3厘米；版框高22.1厘米，寬14.5厘米

十行二十字，小字雙行十九字

黑口，四周雙邊，無魚尾

綫裝

50册

（1481）

380　續一切經音義十卷

（遼）釋希麟集

日本延享三年（1746）京都獅谷白蓮社刻本

開本高26.2厘米，寬18.2厘米；版框高23.4厘米，寬14.8厘米

十行二十字，小字雙行同

黑口，四周雙邊，無魚尾

綫裝

5册

（1482）

381 新加九經字樣一卷

（唐）唐玄度撰

清馬氏小玲瓏山館刻本

開本高25.4厘米，寬15.8厘米；版框高18.7厘米，寬13.7厘米

十行二十一字，小字雙行同

白口，左右雙邊，單黑魚尾

綫裝

10册

附注　第一册封面缺失，第十册尾頁缺失

（1483）

382 姚氏叢刻三種

（清）姚覲元輯

清光緒二年（1876）川東官舍刻本

開本高25.8厘米，寬15.1厘米；版框高15.7厘米，寬11.5厘米

八行十六字，小字雙行同

白口，左右雙邊，無魚尾

綫裝

30册

附注　鈐印：蘇州□新書社經印

（1484）

383　廣韻五卷

（宋）陳彭年撰

民國上海涵芬樓影印本

開本高19.9厘米，寬13.2厘米；版框高16.1厘米，寬11.3厘米

十行，大字小字不等

白口，左右雙邊，單黑魚尾

綫裝

5册

附注　鈐印：盧廷棟之

（1485）

又五部

（1485-1、1485-2、1485-3、1485-4、1485-5）

384　韻補五卷附韻補正一卷

（宋）吴棫撰　（清）顧炎武補正

清光緒九年（1883）邵武徐氏刻本

開本高24.3厘米，寬14.9厘米；版框高17.5厘米，寬12厘米

九行二十二字，小字雙行同

白口，左右雙邊，單黑魚尾

綫裝

3册

批校題跋　宋吴才老韻補；清顧亭林韻補正

附注　版心下有“邵武徐氏刊”

（1486）

385　古文四聲韻五卷附録一卷

（宋）夏竦輯

民國間石印本

開本高26厘米，寬15.2厘米；版框高17.5厘米，寬12.1厘米

七行十三字，小字雙行不等

白口，左右雙邊，單黑魚尾

綫裝

4册

（1487）

386　音韻闡微十八卷韻譜一卷

（清）李光地等撰

清光緒七年（1881）淮南書局刻本

開本高28.2厘米，寬17.6厘米；版框高21厘米，寬14.8厘米

八行大字不等，小字雙行二十四字

白口，四周雙邊，單黑魚尾

綫裝

5册

附注　書中附表

（1488）

又一部

（1488-1）

387　聲律關鍵八卷

（宋）鄭起潛撰

民國二十四年（1935）上海商務印書館影印本

開本高20厘米，寬13.1厘米；版框高14.1厘米，寬10.3厘米

九行十七字，小字雙行不等

白口，四周單邊，無魚尾

綫裝

3册

所屬叢書題名　宛委别藏

附注　鈐印：嘉慶御覽之寶；版本信息源自《中國叢書綜録》

（1489）

388　古音類表九卷

（清）傅壽彤撰

清光緒二年（1876）大梁臬署刻本

開本高26厘米，寬15.5厘米；版框高18.3厘米，寬13.5厘米

九行二十字，小字雙行同

白口，四周單邊，單黑魚尾

綫裝

4册

附注　有朱筆斷句；書頁有修復

（1495）

389　顧氏音學五書五種

（清）顧炎武撰

清光緒十六年（1890）思賢講舍刻本

開本高26厘米，寬16.7厘米；版框高19.5厘米，寬13.1厘米

九行二十一字，小字雙行同

下黑口，左右雙邊，單黑魚尾

綫裝

12册

所屬叢書題名　顧氏音學五書

子目：

音論三卷

詩本音十卷

易音三卷

唐韻正二十卷

古音表二卷

附注　題名據内封書名撰録

（1496）

390　切韻考六卷

（清）陳澧撰

民國十八年（1929）成都書局刻本

開本高27厘米，寬17.9厘米；版框高18.3厘米，寬12.5厘米

十二行二十五字，小字雙行同

上下黑口，左右雙邊，無魚尾

綫裝

2册

附注　版本年代據内封署檢時間定，用東塾叢本重校刊

（1497）

391　古韻發明一卷附廣韻獨用同用四聲表一卷

（清）張畊撰

清道光四年（1824）芸心堂刻本

開本高29.5厘米，寬17.9厘米；版框高21.7厘米，寬14.7厘米

十行二十四字，小字雙行同

白口，四周雙邊，單黑魚尾

綫裝

3册

附注　題名據内封書名撰録，芸心堂藏版，版本年代據道光四年序定

（1498）

392　六書音韻表五卷附徐星伯札記一卷龔定菴札記一卷桂鈔一卷桂補鈔一卷

（清）劉肇隅編校

民國十五年（1926）上海掃葉山房石印本

開本高20厘米，寬13.2厘米；版框高16厘米，寬12.1厘米

十四行二十九字，小字雙行同

白口，左右雙邊，單黑魚尾

綫裝

2册

附注　版心下有“上海掃葉山房藏版”；鈐印：志中山人趙印

（1499）

393　六書音韻表五卷

（清）段玉裁撰

清刻本

開本高26.8厘米，寬18厘米；版框高21.3厘米，寬15.5厘米

十行二十字，小字雙行不等

白口，四周單邊，單黑魚尾

綫裝

1册

附注　版本信息源自館内記録及學苑汲古

（1500）

394　韻學要指十一卷

（清）毛奇齡撰

清刻本

開本高25.3厘米，寬16.1厘米；版框高19.8厘米，寬14厘米

十行二十字，小字雙行同

白口，四周單邊，無魚尾

綫裝

4册

（1501）

395　今韻三辨二卷

（清）孫同元輯

清道光二十二年（1842）刻本

開本高25.5厘米，寬15.4厘米；版框高18.7厘米，寬13厘米

十行二十一字，小字雙行同

白口，左右雙邊，單黑魚尾

綫裝

2册

附注　版本年代據資料暫定；鈐印：貽情堂章；封面缺失

（1502）

396　古今韻略五卷

（清）邵長蘅撰　（清）宋至校

清康熙間刻本

開本高26.4厘米，寬16.5厘米；版框高19.4厘米，寬14.4厘米

十行二十一字，小字雙行同

上下黑口，四周單邊，單黑魚尾

綫裝

4册

附注　版本年代據康熙三十五年版序定；鈐印：嚴可均之印、培風藏書、元照之印、莉宋閣

（1503）

397　音學辨微一卷

（清）江永撰　（清末民國）熊羅宿校刊

民國五年（1916）刻本

開本高27.1厘米，寬25.5厘米；版框高16.9厘米，寬11.8厘米

九行二十字，小字雙行同

上下黑口，左右雙邊，單黑魚尾

綫裝

1册

（1504）

398　音學辨微一卷

（清）江永撰

民國十二年（1923）成都敦睦堂刻本

開本高26.9厘米，寬18厘米；版框高16厘米，寬11.4厘米

十行二十一字，小字雙行同

上下黑口，左右雙邊，雙對黑魚尾

綫裝

1册

附注　綫裝脱落

（1505）

399　四聲切韻表二卷

（清）江永撰

民國十九年（1930）北平富晉書社石印本

開本高26.4厘米，寬15.6厘米；版框高18.7厘米，寬12.9厘米

十行二十二字

白口，四周單邊，無魚尾

綫裝

2册

附注　按册分卷

（1506）

400　四聲切韻表補正三卷首一卷末一卷

（清）江永撰

民國二十四年（1935）成都志古堂刻本

開本高27.5厘米，寬16.3厘米；版框高18.1厘米，寬12.9厘米

十行二十二字，小字雙行同

上下黑口，左右雙邊，無魚尾

綫裝

4册

（1507）

401　聲類表九卷首一卷

（清）戴震撰

民國十二年（1923）渭南嚴氏孝義家塾刻本

開本高26.9厘米，寬18厘米；版框高15.7厘米，寬11.5厘米

十行二十一字

上下黑口，左右雙邊，雙對黑魚尾

綫裝

2册

（1508）

402　聲韻考四卷

（清）戴震撰

民國十二年（1923）刻本

開本高26.8厘米，寬18厘米；版框高16厘米，寬11.5厘米

十行二十一字，小字雙行同

上下黑口，左右雙邊，雙對黑魚尾

綫裝

1册

批校題跋　□□批

（1509）

403　張氏音辨六卷

（清末民國）張文煒撰

民國六年（1917）才記書棧石印本

開本高20.1厘米，寬13.2厘米；版框高16.3厘米，寬11.3厘米

十四行二十八字，小字雙行同

上下黑口，四周單邊，無魚尾

綫裝

6册

附注　版心下有"才記書棧印行"

（1510）

404　音學十書六種

（清）江有誥撰

清嘉慶十九年（1814）影印本

開本高26.7厘米，寬15.4厘米；版框高16.5厘米，寬12.4厘米

十行二十字，小字雙行同

白口，左右雙邊，單黑魚尾

綫裝

8册

子目：

詩經韻讀四卷

群經韻讀一卷

楚辭韻讀一卷

先秦韻讀

諧聲表一卷

唐韻四聲正一卷

（1511）

405　漢學諧聲二十四卷

（清）戚學標撰

清嘉慶九年（1804）刻本

開本高25.2厘米，寬17.2厘米；版框高20.4厘米，寬15.2厘米

九行，大字小字不等

白口，四周雙邊，單黑魚尾

綫裝

1册

存三卷（卷一至卷三）

附注　書頁有修復

（1512）

406　詩聲類十二卷分例一卷

（清）孔廣森撰

民國十三年（1924）成都賁園刻本

開本高26.7厘米，寬17.2厘米；版框高15.8厘米，寬11.4厘米

十行二十一字，小字雙行同

上下黑口，左右雙邊，雙對黑魚尾

綫裝

1册

（1513）

407　等韻一得内篇一卷外篇一卷

（清末民初）勞乃宣撰

清光緒二十四年（1898）吴橋官廨刻本

開本高27厘米，寬17.1厘米；版框高17厘米，寬14.2厘米

十行二十二字，小字雙行同

上下黑口，左右雙邊，單黑魚尾

綫裝

2册

附注　版心下有“矩齋所學”

（1514）

408　文字學音篇五章

（清末民國）錢玄同撰

民國十年（1921）北京大學出版部鉛印本

開本高22.5厘米，寬13.5厘米；版框高16.4厘米，寬11.8厘米

十三行三十七字

下黑口，四周雙邊，單黑魚尾

綫裝

1册

附注　鈐印：沈啰涓印

（1515）

409　合音例證二卷

尹桐陽撰

民國十六年（1927）北京民國大學印刷部鉛印本

開本高25.5厘米，寬14.5厘米；版框高18.4厘米，寬12.8厘米

十一行三十六字，小字雙行同

下黑口，四周雙邊，單黑魚尾

綫裝

1册

（1516）

410　佩文詩韻釋要五卷

（清）周兆基撰　（清末民初）陸潤庠校

民國元年（1912）商務印書館影印本

開本高26.8厘米，寬15.3厘米；版框高18厘米，寬12厘米

九行，大字小字不等

白口，四周雙邊，單黑魚尾

綫裝

2册

附注　鈐印：盧廷棟之

（1518）

411　佩文詩韻釋要五卷

（清）周兆基撰　（清末民國）吴樹棻重校

清光緒二十二年（1896）成都尊經書院刻本

開本高24.5厘米，寬15.5厘米；版框高17.5厘米，寬12厘米

九行，大字小字不等

白口，四周雙邊，單黑魚尾

綫裝

1册

附注　鈐印：陳氏瑶圃書藏之章、陳氏新猷、樸園侍者

（1519）

412　詩韻萃珍十卷

（清）黄昌瑞輯　（清）張士俊校

清同治九年（1870）宏道堂刻本

開本高19厘米，寬12厘米；版框高15.8厘米，寬10厘米

行字不等

白口，四周單邊，無魚尾

綫裝

4册

（1520）

413　詩韻集成題考合刻十卷首一卷

（清）余照　（清）王文淵合編

清光緒十四年（1888）新都古香閣魏氏刻本

開本高24.4厘米，寬13.3厘米；版框高19.2厘米，寬11.7厘米。上欄高4.2厘米，十八行八字；下欄高15厘米，九行二十字

白口，左右雙邊，單黑魚尾

綫裝

5册

（1522）

書名索引

B

比雅十卷 174

别雅五卷 173

C

蔡氏月令二卷 100

倉頡篇校證三卷補遺一卷 221

倉頡篇三卷續本一卷補本二卷補本續一卷 220

重訂穀梁春秋經傳古義疏十一卷 122

重校稽古樓四書 145

重刊宋本儀禮注疏五十卷附校勘記 84

春秋筆削大義微言考十一卷 115

春秋大事表五十卷附春秋輿圖一卷附録一卷 107

春秋董氏學八卷附董氏學附傳一卷 119

春秋公法比義發微六卷 115

春秋公羊疏七卷 158

春秋公羊注疏二十八卷 118

春秋公羊注疏校勘記二十八卷 117
春秋公羊傳十一卷 116
春秋穀梁注疏二十卷附校勘記 121
春秋穀梁傳十二卷附校刊記一卷 120
春秋恒解八卷 109
春秋胡氏傳三十卷首一卷附録一卷 104
春秋胡傳三十卷圖説一卷 103
春秋集古傳注二十六卷首一卷 109
春秋集傳辨異十二卷 110
春秋集傳二十六卷 104
春秋經傳集解三十卷附春秋年表一卷春秋名號歸一圖二卷 101
春秋例表三十八篇 111
春秋釋義十二卷 116
春秋説志五卷 105
春秋左氏古經十二卷附五十凡一卷 108
春秋左傳杜注補輯三十卷王朝列國紀年一卷 111
春秋左傳杜注三十卷 101
春秋左傳旁訓十八卷 113，114
春秋左傳折衷八卷 112，113
春秋左傳注疏校勘記六十卷 103

D

大學古本質言一卷 160

等韻一得内篇一卷外篇一卷 241

董子春秋繁露十七卷附録一卷舊跋一卷 119

讀説文雜識一卷 203

E

爾雅補郭二卷 169

爾雅補注殘本一卷 168

爾雅郭注補正三卷 169

爾雅郭注佚存補訂二十卷 168

爾雅郭注義疏二十卷 166，167

爾雅郭注義疏三卷 167

爾雅今釋七卷 170

爾雅音圖三卷 162

爾雅音義二卷 164

爾雅注疏本正誤五卷 170

爾雅注疏十卷 163

爾雅注疏十卷附校勘記十卷 162，163，164

F

方言別録四卷 176

方言疏證十三卷附續方言二卷 175

仿宋相臺五經五種九十六卷 11

復古編二卷附安陸集一卷曾樂軒稿一卷附録一卷 222

附釋音春秋左傳注疏六十卷附校勘記六十卷 102

G

干禄字書一卷 221

公羊春秋經傳驗推補證十一卷 118

古今韻略五卷 236

古經解彙函十六種 14

古俗字略七卷 223

古微書三十六卷 129

古文尚書冤詞平議二卷 57

古文四聲韻五卷附録一卷 230

古學考一卷 138

古音類表九卷 232

古韻發明一卷附廣韻獨用同用四聲表一卷 233

古籀彙編十四卷檢字一卷 199

古籀彙十四卷檢字一卷 199

古籀拾遺三卷宋政和禮器文字考一卷 198

顧氏音學五書五種 232

廣釋名二卷首一卷 178

廣雅疏證十卷附博雅音十卷 172

廣韻五卷 206，229

H

韓詩外傳十卷 15，60

漢學諧聲二十四卷 240

合音例證二卷 242

皇清經解一千四百零八卷 16，23

J

急就篇四卷 218，219
急就章一卷附考證 218
寄傲山房塾課纂輯書經備旨蔡傳捷録七卷 56
監本附音春秋公羊注疏二十八卷附校勘記二十八卷 117
監本附音春秋穀梁注疏二十卷附校勘記 121
監本附音春秋穀梁傳注疏二十卷附校勘記 120
簡字全譜 226
今古學考二卷 139
今韻三辨二卷 235
經典釋文三十卷 127
經典釋文三十卷附考證附孟子音義二卷札記一卷 126
經典釋文三十卷附序録考證一卷 126
經話甲編二卷 71
經籍舊音辨證七卷 137
經學歷史一卷 142，144
經學通論五卷 142
經學通論五種 143
經學五書五種 130
經訓比義三卷 137
涇野先生周易説翼三卷 38
經傳考證八卷 23，31，133

經傳釋詞十卷補一卷再補一卷 131
九經疑難殘四卷 133

K

康熙字典十二集備考一卷補遺一卷 205
康熙字典十二集備考一卷補遺一卷檢字一卷等韻一卷辨似一卷 204
孔叢伯説經五稿五種附一種 97
匡謬正俗八卷 220

L

來瞿唐先生易注十五卷首一卷末一卷附圖像一卷 41
禮記初學讀本 96
禮記二十卷 90
禮記恒解四十九卷 95
禮記集解六十一卷 94
禮記集説十卷 91
禮記旁訓六卷 96
禮記十卷 88，89
禮記通讀一卷 95
禮記鄭讀考六卷 97
禮記注疏六十三卷附校勘記 90
禮經宫室答問二卷 99
隸辨八卷 224
六經天文篇二卷 128

六書分類十二卷首一卷 207
六書釋義二卷 216
六書通十卷首一卷 206
六書通摭遺十卷 224
六書音韻表五卷 234
六書音韻表五卷附徐星伯札記一卷龔定菴札記一卷桂鈔一卷桂補鈔一卷 234
六藝論疏證一卷 141
論語孔注辨僞二卷 32，151
論語注二十卷 121
論語注疏二十卷附論語音義一卷論語注疏校勘記二十卷 149
論語注疏解經十卷附札記一卷 149
論語傳注 150

M

毛詩重言三卷附毛詩雙聲叠韻説一卷 72
毛詩二十卷附考證二十卷 74
毛詩古音考五卷 63
毛詩稽古編三十卷 24，67
毛詩説序六卷 69
毛詩鄭箋殘本三卷 61
蒙雅一卷 202
孟子外書補注四卷 155

孟子微八卷 154
孟子注疏解經十四卷附校勘記十四卷 153
孟子注疏十四卷音義二卷 154
孟子字義疏證三卷附録一卷 155
名原二卷 202

N

南軒先生論語解十卷孟子説七卷 150

P

佩文詩韻釋要五卷 243

Q

七緯三十八卷附補遺 125
黔雅五卷 179
切韻考六卷 233
欽定春秋傳説彙纂三十八卷首二卷 14，106
欽定禮記義疏八十二卷首一卷 14，93，94
欽定七經綱領 141
欽定詩經傳説彙纂二十一卷首二卷詩序二卷 65
欽定書經傳説彙纂二十一卷首二卷 53，54
欽定書經圖説五十卷 55
欽定儀禮義疏四十八卷首二卷 14，85
欽定周官義疏四十八卷首一卷 14，79，80
曲江書屋新訂批注左傳快讀十八卷首一卷 110

群經大義 136
群經宫室圖二卷 131

S

尚書古文辨惑二十二卷 56
尚書今古文注三十卷 54
尚書考異六卷 53
尚書孔傳參正三十六卷 55
尚書十三卷附考證 12，46，47，48
尚書説要五卷 52
尚書中候疏證一卷 57
尚書注疏二十卷附尚書注疏校勘記二十卷 49
尚書注疏附校勘記二十卷 49
聲類表九卷首一卷 238
聲律關鍵八卷 231
聲韻考四卷 239
聖證論補評二卷 144
詩本義十五卷附鄭氏詩譜一卷 61
詩地理考六卷 62
詩古微六卷 67
詩集傳音釋二十卷附圖一卷綱領一卷詩序一卷 70
詩經恒解六卷 70
詩經精華十卷首一卷 75
詩經體注大全合參八卷 73

詩經通論十八卷 68

詩毛氏學三十卷 74

詩毛氏傳疏三十卷附毛詩音四卷毛詩説一卷毛詩傳義類十九篇鄭氏箋考徵一卷 66

詩聲類十二卷分例一卷 241

詩説二卷 71

詩問七卷 69

詩小學二十五卷 217

詩序解三卷 73

詩韻萃珍十卷 244

詩韻集成題考合刻十卷首一卷 244

石經彙函十種 132

十經文字通正書十四卷 207

十三經札記十二種二十二卷 134

十三經注疏并校勘記十三種 1

十三經注疏三百六十八卷附校勘記 37

十三經注疏三百三十八卷附校勘記 8

十一經初學讀本 72

十一經初學讀本十一種 81

釋名疏證補八卷附續釋名一卷補遺一卷疏證一卷 179

書經恒解六卷書序辨正一卷 58

書經精華十卷首一卷 58

書經六卷 50，51，52

蜀方言二卷 177
述均十卷 226
説文部首讀本一卷 209
説文答問疏證六卷 198，201
説文發疑六卷 212
説文管見三卷 209，212
説文古籀補十四卷補遺一卷附録一卷 196
説文古籀補十四卷附録一卷 197
説文古籀三補十四卷附録一卷 197
説文古籀疏證六卷 194，196
説文假借義證二十八卷 204
説文檢字二卷補遺一卷 193
説文揭原二卷 212
説文解字部首二卷 210
説文解字詁林補遺提要 200
説文解字詁林提要 200
説文解字句讀二十九卷附録一卷 188
説文解字三十卷標目一卷 182，183
説文解字十五卷 181，182
説文解字十五卷標目一卷 181
説文解字通釋四十卷 183
説文解字通釋四十卷附説文解字繫傳校勘記三卷 184
説文解字通釋四十卷校勘記三卷 185

説文解字研究法一卷 210
説文解字注三十二卷 186，187
説文解字注三十二卷增附六書音均表五卷徐星伯説文段注札記一卷龔定菴説文段注札記一卷桂未谷説文段注鈔一卷桂未谷説文段注補鈔一卷 186
説文解字篆韻譜五卷附録一卷 184
説文句讀三十卷附句讀補正三十卷 187
説文匡鄦一卷 211
説文偏旁考二卷 203
説文審音十六卷 192
説文釋例二十卷 189，190
説文通檢十四卷首一卷末一卷 194，195
説文通訓定聲九卷 192
説文通訓定聲十八卷 190
説文易檢十四卷 195
説文逸字二卷 201
説文引經考二卷附説文引經考補遺一卷 211
四禮疑五卷 92
四禮翼八卷 93
四禮翼不分卷 92
四聲切韻表補正三卷首一卷末一卷 238
四聲切韻表二卷 237
四書讀 157

四書恒解十一卷 147，148

四書集注 156

四書集注十九卷 145

四書釋地補一卷續補一卷三續補一卷又續補一卷 148

四書疏注撮言大全 146

宋本尚書注疏附校勘記二十卷 48

宋本十三經注疏附校勘記 35

宋本十三經注疏附校勘記十三種附識語 4

宋本十三經注疏附校勘記十三種四百一十六卷 2

孫谿朱氏經學叢書初編 31

T

唐石經考異不分卷附補不分卷 129

通德遺書所見録十九種叙録一卷 98

通雅五十三卷首三卷 173

W

王制箋一卷 100

僞經考十四卷 139，140

温經日記六卷 138

文字蒙求四卷 191

文字學初步一卷 208

文字學發凡三卷首一卷 215

文字學形義篇一卷 208

文字學音篇五章 242

五經文字三卷 222

五經小學述二卷校勘記一卷 136

五經異文十一卷 128

X

鄉黨圖考十卷 17，25，152

湘綺樓毛詩評點二十卷 75

相臺書塾刊正九經三傳沿革例 127

小爾雅疏證五卷 171

小學定律二卷 214

小學鉤沈十九卷 213，214

孝經存解四卷首一卷附孝經讀本一卷讀本考證一卷 124

孝經一卷附弟子職 123

孝經鄭氏注一卷 122，125

孝經正疏九卷附校勘記 123

孝經直解一卷 124

新編詩義集説四卷 64

新定三禮圖二十卷 91

新爾雅十四卷 171

新加九經字樣一卷 228

新刊爾雅翼三十二卷 165

袖珍十三經注十三種 10

許氏説文解字雙聲疊韻譜一卷 193

續方言二卷 176，177

續一切經音義十卷 227

學易筆談四卷 43

學易記五卷 37

Y

姚氏叢刻三種 228

一切經音義一百卷 227

儀禮初學讀本十七卷 86

儀禮古今文疏義十七卷 87

儀禮恒解十六卷 88

儀禮十七卷 11，82

儀禮十七卷附監本正誤一卷唐石經正誤一卷 83

儀禮章句十七卷 17，25，86

儀禮鄭注句讀十七卷附監本正誤一卷石本正誤一卷 87

儀禮注疏十七卷附校勘記十七卷 83

儀禮注疏五十卷 84

易經旁訓三卷圖説一卷 45

易經四卷 34

易説十二卷附易説便録一卷 40

易堂問目四卷 135

易象鈎解四卷易象彙解二卷 38

易楔六卷 43

音學辨微一卷 236，237

音學十書六種 240

音韻闡微十八卷韻譜一卷 230

影宋本尚書正義二十卷 51

輶軒使者絶代語釋别國方言箋疏十三卷附校勘記十三卷 178

輶軒使者絶代語釋别國方言十三卷附續方言二卷 175

輶軒使者絶代語釋别國方言十三卷續方言二卷續方言補一卷 174

禹貢提要二卷 59

禹貢錐指二十卷 59

玉篇三十卷 217

御纂春秋直解十二卷 106

御纂七經七種 12

御纂七經義疏七種 13

御纂詩義折衷二十卷 66

御纂周易述義十卷 42

御纂周易折中二十二卷首一卷 13，39

樂律全書十六種 160

韻補五卷附韻補正一卷 229

韻學要指十一卷 235

Z

澤存堂五種 205

增補蘇批孟子二卷附年譜一卷 153

增訂畊餘瑣録十二卷 146

增廣鐘鼎篆韻七卷 185

張氏音辨六卷 239

正俗備用字解四卷辨似一卷辨同一卷補遺一卷 223

鄭志疏證八卷附鄭記考證一卷答臨孝存周禮難一卷 140

中國文字學三章 215

中庸説三卷 158

中庸章句質疑二卷 159

中庸注一卷 159

周禮初學讀本六卷 81

周禮古學考十一卷 80

周禮節訓六卷 81

周禮精華六卷 82

周禮六卷 76，77

周禮注疏校勘記四十二卷 79

周禮注疏四十二卷 78

周禮注疏四十二卷附校勘記 78

周易本義四卷附圖説一卷卦歌一卷筮儀一卷 32

周易本義爻徵二卷 40

周易變通解二卷首一卷末一卷 44

周易恒解五卷首一卷 42

周易經疑三卷 36

周易十卷附考證 12，33

周易雜卦證解四卷附説卦一卷雜卦一卷 44，45

助字辨略五卷 224，225

子思子七卷 157

字典考證十二集三十六卷 225

字林考逸八卷補遺一卷校誤一卷附録一卷 180

字林七卷卷首一卷 180

左通補釋三十二卷 108

左氏摘奇十二卷 105

著者索引

B

畢弘述 206

畢效欽 165

畢星海 224

C

蔡沈 50，51，52

蔡邕 100

陳第 63

陳澔 88，89，91，96

陳奂 32，66

陳矩 155

陳澧 233

陳龍標 82

陳彭年 217，229

陳啓源 16，24，67

陳士元 38，128，223

陳壽祺 15，22，30，97

陳延傑 73

D

戴鎣 169

戴震 19，27，155，175，238，239，

道光 225

德宗 141

鄧廷楨 193

丁佛言 197

丁福保 200

董仲舒 15，119

杜預 2，3，5，7，9，11，12，15，36，101，102

段玉裁 19，20，27，108，186，187，234

E

鄂爾泰 79，80

F

樊廷枚 148

范甯 2，3，5，7，9，11，36，120，121

方以智 173

馮世瀛 146

傅恒 66，106

傅厚光 199

傅世垚 207

傅壽彤 232

G

高朝瓔 73

郜坦 109

葛其仁 171

葛時徵 224

龔定菴 186，234，251，256

郭璞 2，4，6，8，9，11，36，161，162，163，164，174

顧藹吉 224

顧棟高 107

顧實 215

顧炎武 16，24，132，229，232

郭嵩燾 159

H

韓嬰 15，60

杭世駿 17，25，132，174，175，176，177

杭辛齋 43

郝懿行 22，30，40，166，167，

何休 2，3，5，8，9，11，36，116，117，118，158

何晏 2，4，5，8，9，11，15，36，149

洪陳光 136

弘曆 42，85

洪亮吉 174

洪頤煊 99

胡安國 103，104

胡秉虔 209，212

胡承珙 87

胡斐才 146

胡渭 16，24，59

胡元質 105

黄昌瑞 244

黄叔琳 81

黄以周 137

J

贾公彦 78

江永 17，25，152，236，237，238

江有誥 240

焦循 21，29，131

金賁亨 37

K

康有爲 115，119，139，140，151，154，159

孔安國 1，3，5，7，9，10，12，35，46，47，48，49

孔廣林 97，98

孔廣森 20，28，241
孔穎達 1，2，3，5，7，9，49，51，90，102
揆叙 65

L

來知德 41
藍光策 115
勞乃宣 226，241
黎永椿 194，195
李塨 150
李光地 13，39，230
李紹崧 110
李天根 208，216
李錫齡 37，38，40，52，63，105
李昭 59
李滋然 80
梁履繩 108
梁啓超 139，140
梁啓心 176
梁章鉅 221
廖平 71，118，122，136，138，139
廖震 111
林昌彝 138
劉攽 155

劉淇 224，225

劉世珩 212

劉玉麐 23，31，168

劉沅 42，58，70，88，95，109，124，147，148，160

劉肇隅 186，234

盧文弨 18，26，126

盧宣旬 5，6，49，78，121，162，163，164

陸德明 1，2，3，4，5，7，8，9，12，35，36，49，76，77，78，83，84，102，116，117，118，120，126，127，149，164

陸潤庠 243

羅復 70

羅願 165

吕忱 180

吕坤 92，93

吕柟 38，52，63，105

M

馬其昶 74

馬叙倫 210

馬宗霍 215

毛亨 1，3，5，7，12，61

毛謨 193

毛奇齡 16，17，24，25，235

梅鷟 53

閔齊伋 11，206

N

聶崇義 91

O

歐陽漸 157
歐陽修 61

P

庞佑清 67
皮錫瑞 57，140，141，142，143，144

Q

戚學標 240
錢大昕 18，26，129，198，201
錢坫 207
乾隆 93，94
錢玄同 242
錢繹 178
强運開 197
邱渭璜 116

R

任大椿 18，26，180，213，214，220
任啓運 123

阮元 1，2，4，6，8，16，20，21，23，28，29，35，49，78，79，83，84，90，102，103，117，120，123，133，149，153，162，163，164

S

沈濤 32，151
邵長蘅 236
石廣權 211
史恩綿 195
史游 218，219
釋慧琳 227
釋希麟 227
宋育仁 170，210
宋至 236
蘇洵 153
孫鼎 64
孫穀 129
孫家鼐 55
孫經世 131
孫奭 2，4，6，8，10，36，153，154
孫同元 235
孫希旦 94
孫星衍 15，20，28，54，132，220
孫詒讓 198，202

T

唐玄度 228

陶方琦 220

涂溍生 36

W

萬斯大 16，24，130

萬廷蘭 72，81，86，96，112

萬裕澐 44

汪榮寶 171

汪文臺 2，4，6

王弼 1，3，5，7，9，10，12，32，33，35

王秉恩 132

王代豐 111

王篤 68

王貫山 72

王鴻緒 65

王巨源 58

王筠 187，188，189，190，191

王闓運 75

王念孫 20，28，172，213，214

王掞 106

王文淵 244

王樹楠 168
王先謙 55，179
王項齡 12
王引之 21，29，131，226
王應麟 14，62，128，219
王永祺 81
王與山 112，113
王兆琛 223
王照圓 69，71
魏朝俊 113，114
魏源 67，202
吴承仕 137
吴大澂 196
吴鼎 135
吴日慎 40
吴樹棻 243
吴樹聲 217
吴廷華 17，25，86
吴棫 229
吴玉搢 173，211
吴毓梅 128，223
吴照 203

X

夏竦 230

夏燮 226

邢昺 2，4，6，8，9，36，123，149，162，163，164

解蒙 45

熊羅宿 236

徐星伯 186，234，251，256

徐鍇 183，184，185

徐文鏡 199

徐鉉 184

徐彥 2，4，8，9，36，117，118，158

許謙 70

許慎 181，182，183，186，187，188

許叔莊 179

許棫 203

薛傳均 198，201

薛嘉穎 75

玄燁 53，54，65，106，205

Y

嚴可均 122，125，132，236

閻若璩 16，24，148

顏師古 219，220

顏元孫 221
姚際恒 68
姚覲元 228
姚培謙 81，101，111
姚之麟 162
楊履晉 95
楊鉤 185
楊士勛 2，3，5，7，9，36，120，121
揚雄 174，175
葉灦 171
尹桐陽 214，242
余照 244
岳珂 11，127

Z

翟灝 18，26，169
詹步魁 55
詹秀林 55
張參 222
張爾岐 82，83，87
張畊 233
張金吾 178
張洽 104
張九成 158

張慎儀 176，177

張栻 150

張士俊 205，244

張廷玉 65

張維 222

張文煒 239

張文伯 133

張先 222

張諧之 56

張行孚 192，212，213

張有 222

張玉書 204，205

張元濟 158

張宗泰 170

趙長庚 124

趙大浣 153

趙岐 2，4，6，8，10，11，36，153，154

趙培桂 110

趙在翰 125

鄭起潛 231

鄭玄 1，2，3，5，7，9，10，11，12，14，15，35，36，61，74，76，77，78，82，83，84，90，98，99，122，125，157

鄭珍 201

鍾謙鈞 14

周善培 44，45

周廷寀 60

周兆基 243

朱翺 183

朱彬 23，31，133

朱記榮 31

朱琦 204

朱駿聲 190，192

朱升 45

朱熹 11，70，123，145，156

朱亦棟 134

朱載堉 160

朱宗萊 208

莊述祖 15，32，136，194，196

鄒聖脉 56

鄒廷猷 56